La crise de la quarantaine

COLLECTION GUIDES TOTUS

Jacques GAUTHIER

La crise de la quarantaine

Sarment
ÉDITIONS DU JUBILÉ

Les illustrations de l'ouvrage sont de
Floris GABRIEL.

DU MEME AUTEUR

Les heures en feu (poésie), Montréal et Paris, Paulines/ Apostolat des Editions, 1981.

Au clair de l'œil (poésie), Trois-Rivières, Ecrits des Forges, 1985, (Prix Marcel-Panneton, 1984).

Patrice de La Tour du Pin, quêteur du Dieu de joie (biographie), Paris et Montréal, Médiaspaul/Paulines, 1987.

Icônes du Royaume, petit sanctoral (poésie), Montréal et Paris, Le Levain, 1989.

La théopoésie de Patrice de La Tour du Pin (essai), coll. " Recherches ", Nouvelle série - 19, Montréal et Paris, Bellarmin/Cerf, 1989.

Les défis du jeune couple, Paris, Le Sarment, 1991, (traduit en espagnol, italien, néerlandais, portugais), constamment réédité.

La joie blessée (poésie), Trois-Rivières, Ecrits des Forges, 1992.

Les lieux du cœur (poésie), Montréal, Le Noroît, 1993.

Les mots de l'Autre (essai), Paris et Montréal, Médiaspaul/ Paulines, 1993.

Consentir au désir (poésie), Trois-Rivières, Ecrits des Forges, 1994.

Marcheur d'une autre saison (poésie), Montréal et Chaillé-sous-les-Ormeaux, Le Noroît/Le Dé Bleu, 1995.

Que cherchez-vous au soir tombant ? Les hymnes de Patrice de La Tour du Pin (essai), Paris et Montréal, Cerf/Médiaspaul, coll. " Epiphanie ", 1995.

Toi, l'amour, Thérèse de Lisieux (biographie), (traduit en italien), Sillery et Marcq-en-Baroeul, Anne Sigier, 1997.

Ce jour qui me précède (poésie), Montréal, Le Noroît, 1997

Thérèse de l'Enfant-Jésus, docteur de l'Eglise (essai), 2e éd, Sillery et Marcq-en-Baroeul, Anne Sigier, 1998.

L'expérience de Dieu avec Jean de la Croix (anthologie), Montréal, Fides, 1998.

Prier 15 jours avec Patrice de La Tour de Pin (essai), Paris, Nouvelle Cité, 1999.

Le voyage de l'absente, (récit), Ripon, Ecrits des Hautes-Terres, 1999.

L'empreinte d'un visage (poésie), Montréal, Noroît, 1999.

Pèlerin en terre d'exil (essai), Sillery et Marcq-en-Baroeul, Anne Sigier, 1999.

*Le secret d'Hildegonde (*roman) Hull, Editions Vents d'Ouest, 2000, Paris, Le Sarment, 2001.

Entretiens avec Thérèse de Lisieux (essai) (traduit en anglais), Montréal et Paris, Novalis et Bayard, 2001.

L' *invisible chez-soi* (poésie) Montréal, Editions du Noroît, 2002.

Pêcher l'ombre, haïkus, Ottawa, Editions David, 2002.

Thérèse de Lisieux, une espérance pour les familles (essai) Paris, Le Sarment, 2002.

À Danielle Blanchet,
offerte au désir de Dieu.

Yahvé ton Dieu t'a béni en toutes tes actions ;
il a veillé sur ta marche à travers ce grand désert.
Voici quarante ans
que Yahvé ton Dieu est avec toi
sans que tu manques de rien.

Deutéronome 2, 7.

INTRODUCTION

La vie humaine est jalonnée de périodes : enfance, adolescence, âge adulte, vieillesse. L'âge adulte, entre autres, est fait de saisons, de stades qui surviennent surtout autour des décennies (trentaine, quarantaine, cinquantaine, soixantaine). À chacun de ces passages correspond souvent une crise à traverser, dont celle de la quarantaine, vécue différemment selon les contextes socioculturels. Je m'en tiendrai ici aux pays occidentaux d'Europe de l'Ouest et d'Amérique du Nord.

Une phase de transition

Les gens sont plus ou moins conscients de la crise qui survient au milieu de leur vie. Quelques-uns la traversent sans s'en rendre compte, d'autres veulent l'ignorer. Peu de gens y échappent, surtout dans nos sociétés modernes axées sur l'avoir, la réussite et la performance, ou les trois E, selon l'expression d'un vieux moine cistercien de l'abbaye de Bricquebec : encombrement, éparpillement, énervement [1].

Ces caractéristiques de notre monde technologique et informatisé influencent notre façon de passer le cap de la quarantaine. Nous vivons dans une société du spectacle et du divertissement où la suprême jouissance consiste à paraître à la télévision, au détriment souvent de la vérité. C'est comme si on prenait notre existence en charge. Mais au mitan de la vie, l'adulte

---

1. Amédée Hallier, Dominique Megglé, *Le moine et le psychiatre*, Paris, Bayard Éditions/Centurion, 1995, p. 45.

est invité à renouer avec son intériorité et à accéder à son désir profond, à la liberté. Il est appelé à devenir ce qu'il est, différent et unique, en s'orientant vers les biens supérieurs auxquels il s'identifie.

Des psychologues ont pu affirmer que la vie est séparée en deux : avant quarante ans et après. Une journaliste française s'interroge en parlant de « la fin d'une adolescence [1] ». Comme s'il y avait une rupture avec le passé, un passage symbolique de l'âge adulte à la maturité. Cette étape de la vie est floue, subjective, parfois ritualisée. Chacun en souligne différemment l'importance au moment de son anniversaire de naissance.

Cette phase de transition s'étend environ de trente-cinq à quarante-cinq ans. Elle sert de pont entre le jeune adulte, homme ou femme, et l'adulte d'âge mûr. Selon le psychologue américain, Daniel Levinson, cette étape est la plus importante des transitions chez l'homme [2]. Ses études empiriques menées auprès de sujets masculins ont montré que la pointe de la crise se situe normalement entre trente-huit et quarante-trois ans. De son côté, Jung avait déjà écrit que, durant cette phase de la vie, « une profonde modification de l'âme humaine se prépare [3] ».

La quarantaine signifie donc cette étape de la vie qui peut durer une dizaine d'années. L'homme et la femme quittent progressivement les promesses de la jeunesse pour aborder les rives de l'autre versant. Ils sont appelés à devenir les acteurs de leur vie. L'enfance paraît plus lointaine et la mort plus proche. Jung

---

1. Danièle Laufer, *Quarante ans : la fin d'une adolescence ?;* Paris, Plon, 1990.
2. Daniel J. Levinson, *The Seasons of a Man's Life,* New York, Ballantine Books, 1979.
3. Carl Jung, *Problèmes de l'âme moderne,* Paris, Buchet/Chastel, 1961, p. 231.

considère ce midi de la vie comme l'instant « du déploiement extrême où l'homme est tout entier à son œuvre, avec tout son pouvoir et tout son vouloir. Mais c'est aussi l'instant où naît le crépuscule : la deuxième moitié de la vie commence [1] ». Cet âge est marqué par les bilans, les désillusions, les remises en question. Le passé est évalué en fonction d'un futur qui ne correspond pas toujours avec un présent parfois terne.

Au mitan de la vie

Dante, poète italien, né à Florence en 1265, exprime bien les remous de cette mutation du mitan de la vie lorsqu'il écrit la *Divine Comédie,* commencée en 1306 :

> Au milieu du chemin de notre vie,
> je me trouvai dans une forêt obscure,
> égaré hors de la voie droite.
> Ah, comme est chose dure à dire qu'elle était
> cette forêt sauvage et âpre et forte,
> qui dans la pensée fait revivre la peur [2] !

Le poète emploie l'image de la forêt obscure pour illustrer son désarroi et sa solitude au milieu de sa vie. La seule pensée de cette « forêt sauvage », symbole de la crise de la quarantaine, lui fait revivre la peur. « Égaré hors de la voie droite », il ne reconnaît plus son chemin. Tant de sentiers s'ouvrent et s'entrecroisent devant lui. Quelle direction prendre ? Pire, il ressent l'incapacité de parler de cette crise, « âpre et forte », qui se répercute sur ce qu'il vit et écrit.

1. *Ibid.,* pp. 306-307.
2. Dante Alighieri, *La Divine Comédie,* Paris, Cerf, 1987, p. 33.

Je préfère l'expression plus poétique de « mitan de la vie » à celle plus spatiale de « milieu de la vie ». Les deux mots se rattachent à la syllabe « mi » qui signifie le milieu, la moitié, le centre. Au mitan de son âge, la personne essaie tant bien que mal de tenir le juste milieu. L'heure est venue de faire une pause, d'être à la mi-temps, un peu comme ces joueurs de football ou de hockey qui prennent un temps de repos au milieu d'un match pour souffler et revoir leurs stratégies.

Il est intéressant de souligner que l'une des hypothèses de l'étymologie du mot « mitan » (*mitjan* en catalan) vient du latin *mediante* (misaine). La misaine est cette voile basse du mât à l'avant du navire qui autrefois était au milieu du navire. On parle ainsi du mât de misaine qui est le premier mât vertical à l'avant du navire. L'adulte au mitan de sa vie hisse la misaine, lève l'ancre, et vogue sur les flots, parfois calmes, parfois tumultueux, de la quarantaine. Et le voilà seul au milieu de la mer, ramant sous le soleil du midi, sans apercevoir la terre.

Une crise de croissance

Le mot « crise » n'a rien de négatif dans ce livre. Dérivé du terme grec *krisis* (décision, jugement), il est utilisé dans un contexte évolutif de croissance, au sens où l'entend Erikson : « Un tournant, une période cruciale de vulnérabilité accrue et de potentialité accentuée et partant, la source ontogénétique de force créatrice mais aussi de déséquilibre [1]. » La crise devient ainsi un lieu de croissance, une occasion de grandir, malgré les déséquilibres et les peurs. Il faut donc profiter de l'opportunité d'être en crise.

1. Erik H. Erikson, *Adolescence et crise, la quête de l'identité,* Paris, Flammarion, 1972, p. 92.

Le titre *La crise de la quarantaine* exprime ce défi de croissance. Il sous-tend la décision d'affronter la crise avec réalisme, la responsabilité de surmonter les obstacles en réévaluant ses engagements et ses réponses face aux grandes questions de la vie, l'audace de proposer des alternatives aux malaises examinés. Les symptômes ne trompent pas : solitude, doute, manque de confiance, périodes de dépression, absence de plaisir à accomplir ce que l'on faisait normalement, indifférence devant la vie, ambivalence, besoin d'aventure et de changement, difficulté à savoir ce que l'on veut, ennui, conscience de la mort, grand besoin d'intériorité, nuit de la foi.

Ces indices de la crise atteignent tous les niveaux de l'être : physique, psychique, social, professionnel, spirituel. Ils sont des signaux qui indiquent que des choses sont en train de changer. Pour certains, le passage est graduel ; pour d'autres, il est immédiat. La personne s'ajuste à un nouvel impératif qu'elle ne peut pas encore définir et qui la pousse vers un horizon inconnu, à l'intérieur d'elle-même. Cela se répercute jusque dans sa vie conjugale et familiale. Mais cette crise se vit seul. Personne ne peut marcher à la place de l'autre et traverser pour lui ce désert intérieur.

Le désir d'aimer

Ce livre est un guide d'accompagnement qui met en route. J'exprime les aspirations profondes de la personne au mitan de sa vie, du désir qui fait vivre, soit le désir d'aimer. Je partage mes convictions, mon espérance, ma confiance, tout ce qui fait ma vision de l'être humain, du monde, de Dieu, vision qui se définit en un mot qui les contient tous : l'amour.

Cet essai personnel ne se réduit pas à des stratégies pour sortir de la crise de la quarantaine, à des nouvelles méthodes pour aimer. S'il soulève plus de questions que de réponses, c'est qu'il n'y a pas de recettes magiques, car les réponses sont différentes pour chacun. Il veut donner une impulsion nouvelle, inciter la personne à prendre le bon tournant, relancer son désir sur les chemins de la liberté, donc de l'Évangile. L'objectif est clair : comprendre la crise psychologique et spirituelle de la quarantaine pour mieux la vivre comme une promesse d'avenir, un chemin de libération et de prière, une rencontre du Christ qui passe par la croix et la résurrection.

Au premier chapitre, je relaterai mon passage de la quarantaine qui est une expérience de la finitude humaine. Il s'agit d'exprimer son mal-être, de ne pas fuir la crise, d'accepter ses limites. Cette crise du mitan de la vie, appelée aussi « maturessence », est essentiellement une crise du désir. C'est ce que nous verrons au deuxième chapitre en abordant le désir qui fait vivre, la genèse du désir, les besoins et le désir, les questions qui créent du sens. Au troisième chapitre, nous partirons à la découverte de notre désir profond qui donne un sens à la vie. Je proposerai dix attitudes qui aideront à réaliser ce désir qui consiste, entre autres, à prendre le risque d'aimer, à intégrer le côté mal aimé de soi, à accueillir le désir de Dieu.

Le quatrième chapitre sera consacré au couple en quarantaine. L'homme et la femme ne vivent pas la crise de la même façon. Nous en verrons les différences les plus marquantes. Nous parlerons aussi des étapes de la vie du couple, du fameux démon de midi, de la fidélité à réinventer. L'exemple d'un couple au midi de sa relation nous fera comprendre qu'il est possible de relever le défi d'aimer pour la vie.

Cette phase de transition pose la question de la foi et de la spiritualité. La vie spirituelle, comme la vie humaine, est en croissance. Le dernier chapitre portera sur la maturation et les étapes de la foi. Il y a une recherche de spiritualité à la quarantaine qui passe par la voie de l'individuation, de la nuit spirituelle, de la foi en soi à la foi en Dieu, de la nuit mystique.

J'ai longtemps porté ce livre en moi, comme une suite souhaitée aux *Défis du jeune couple,* publié dans cette même collection en 1991, et réédité depuis à trois reprises. Mais pour l'écrire en toute connaissance et liberté, il fallait que je sorte de cette crise existentielle. Cela ne s'est pas fait sans l'aide de nombreux compagnons et compagnes de route.

J'ai beaucoup lu sur cette crise, non seulement des psychologues et des théologiens, mais aussi des poètes et des mystiques, ces passeurs de sens. Pendant sept ans, j'ai rencontré un bon nombre de personnes qui ont partagé avec moi leurs expériences de la quarantaine. Je tiens à rendre hommage à trois de mes étudiantes qui ont présenté des mémoires de maîtrise sur ce sujet dans le cadre de mes séminaires de recherche à l'Université Saint-Paul d'Ottawa : Claire Parent, *La phase de transition chez l'homme au mitan de la vie* (1993) ; Danielle Blanchet, *Le thème de la nuit au mitan de la vie* (1994) ; Denise Beaulieu, *La foi au mitan de la vie selon Marcel Légaut* (1997). Je suis aussi reconnaissant à ces personnes qui m'ont accompagné à leur façon : Benoît Garceau, Paul-André Giguère, Yves Girard, Jean Monbourquette, Yvon Saint-Arnaud, ainsi que mon éditrice Odile Level qui a toujours cru en ce projet et qui a attendu patiemment le manuscrit promis.

Enfin, je remercie mon épouse Anne-Marie qui fut le témoin fidèle de ces jours et de ces nuits où je me sentais bien seul. Son propre passage de la quarantaine m'a inspiré plusieurs pages de cet ouvrage que je dédie aux mutants et mutantes de cet âge, mes confidents et complices dans l'aventure humaine, en voie de transformation vers la maturité.

1

UNE EXPÉRIENCE
DE LA FINITUDE HUMAINE

La deuxième adolescence

Le 4 décembre 1991, j'avais quarante ans. Depuis deux ans, je me remettais sans cesse en question, sans trop savoir pourquoi. Déçu par tout, j'étais affecté d'une morosité qui s'accompagnait d'une persistante sensation de désenchantement. Ne voyant aucune issue immédiate à cette sorte de dépression, je manquais d'air, comme si une main me tenait la tête dans l'eau. Je répétais d'un ton désabusé : « À quoi bon ? ». De nature optimiste et volontaire, j'avais l'impression de ne plus me reconnaître, de ne plus habiter avec moi-même, de côtoyer l'absurde.

Tout me fatiguait, surtout les autres. Les nouvelles du soir, à la télévision, me déprimaient plus qu'à l'habitude. Je m'enfonçais dans une nuit obscure, un désert intérieur. Je ressemblais au papillon qui se défait maladroitement de son cocon, mais qui est incapable de s'envoler, tant il est épouvanté devant l'inconnu. Edgar Morin en témoignait à sa façon : « Cet âge (la quarantaine) me paraît impossible. Rien en moi n'est adulte... Qu'il est long de s'arracher à l'infantilisme (non l'enfance), aux troubles adolescents (non l'adolescence) : aussi long que de se découvrir soi-même, d'adhérer à ses élans véritables, de les libérer[1]. »

Cette métamorphose me rappelait la période de l'adolescence avec ses changements physiques et ses

1. Edgar Morin, *Le vif du sujet*, Paris, Seuil, 1969, pp. 30 et 370.

sautes d'humeur. C'était un peu la même crise d'identité, à la différence que j'avais un passé à évaluer, donc plus d'expérience, et aussi plus de responsabilités quotidiennes. Autre différence majeure : l'adolescent cherche à être lui-même en s'identifiant aux autres, en se mesurant à son entourage. Au seuil de la quarantaine, la personne se mesure à elle-même. Elle s'éloigne du rêve idéaliste de l'adolescence, le réévalue pour qu'il soit moins tyrannique. Elle est invitée à s'accepter telle qu'elle est pour une meilleure croissance personnelle. Un poème écrit à cette époque traduit ce bouleversement de tout l'être.

« Une persistante sensation de désenchantement... »

La mutation

Le vent a fait un pacte avec la nuit
pour me diviser en deux.

Il a passé au mitan de mon âge
dans l'exigence d'un soir difficile,
parmi les voiliers d'outardes,
emportant l'adolescent
pour quelle migration ?

Le temps passe,
mon âme est à l'étroit
dans ce corps qui appelle la mort,
quand la douleur lui reste dans la gorge,
comme une arête en travers.

Et je reste là,
en quarantaine,
fidèle dans la métamorphose,
cherchant l'équilibre seul,
en enfantement d'une autre peau,
dos à la lumière qui tremble.

À partir de quel moment
suis-je devenu moi-même ?

Je me suis réveillé libre,
un matin de grande beauté.
J'ai ouvert les volets de ma maison,
je n'étais plus un étranger,
j'habitais enfin avec moi-même.

À la fin d'octobre 1991, j'écrivis une longue lettre à un ami, moine cistercien à l'abbaye d'Oka, près de Montréal. Je lui partageai mon désarroi et ma solitude devant l'éclatement des repères. Ce cri du cœur fut, à mon insu, la genèse du livre que vous tenez entre les mains. Cette lettre très lucide rend compte de la crise de la quarantaine en tant qu'expérience de la finitude humaine. Elle fut le prétexte pour faire le point dans ma vie, au-delà de la réponse du correspondant.

Lettre à un ami sur la crise de la quarantaine

En t'écrivant, c'est peut-être à moi que j'écris. Tu sais l'importance que j'accorde aux mots ? Peut-être verrai-je plus clair après ce partage avec toi ? Comprendrai-je enfin ce que je vis ? J'en doute. Mais le dire peut faire du bien, et reverdir le désert où je gémis ; ce désert que j'ai tellement chanté jadis, et qui m'est un calvaire aujourd'hui. Facile de chanter le désert quand on ne le souffre pas ! Là, j'y suis depuis deux ans, et plus j'avance, plus c'est crucifiant. Il y a des jours où je suis tellement tanné de vivre ce désert, de vivre tout court. J'exagère. Peut-être. Je ne sais plus. Le cri de Jésus me revient souvent : « Mon Dieu, mon Dieu, pourquoi m'as-tu abandonné ? » Mais la suite est difficile à dire : « Père, je remets mon âme entre tes mains. » J'en reste toujours au « pourquoi ? ». La paix semble bien fragile au sanctuaire de mon âme.

N'ai-je pas tout : une femme qui m'aime, quatre enfants en bonne santé, un bon statut social, une maison, de l'argent, la beauté, la santé, des livres publiés facilement par les éditeurs et qui font du bien à ceux et celles qui les lisent ? Mais il n'y a rien à faire, j'ai envie de tout foutre en l'air. J'ai tout aux yeux de tous, mais il me manque le TOUT, celui que je croyais aimer. Je crois en Lui parce que je veux croire. Tout cela est peut-être caractéristique de la crise de l'homme de quarante ans. Quelqu'un m'a mis en quarantaine et je ne sais pas qui. Il est bien long ce carême.

Essayons de voir ce qui se passe en moi. De l'ennui, beaucoup de désillusion, un brin de découragement ou de désespoir, souvent du doute, une lucidité face à mes limites, une prise de conscience aiguë du scandale de la souffrance et de l'absurdité de la mort. Chaque mot est pesé. Une chance qu'il y ait ces mots chargés de mon sang, même s'ils me reviennent en écho dans mon désert. Au moins, avec eux, j'ai l'impression de vivre, de donner du sens à ma blessure. Mais écrire en poésie n'est plus une mise au monde ; c'est une mise à mort, et je continue quand même, masochiste que je suis. Je pense même que je n'ai jamais si bien écrit, comme si la poésie, avec ses cris déchirants, portait l'échec de la condition humaine. Un recueil de poèmes paraîtra en 1992 aux Écrits des Forges. Le titre est évocateur : *La joie blessée.*

Il est difficile de parler de moi sans parler de la poésie. Restons concret. Comment se vit cette crise ? Quelles en sont les causes ? Je n'aime pas ces questions du philosophe en moi. Essayons quand même d'y répondre. Cette crise se vit d'abord par une grande sécheresse spirituelle. Le Dieu de mon enfance me semble bien loin. La messe m'est une corvée ; d'autant plus qu'avec les enfants, le recueillement fout le camp. Je ne m'en plains pas. Que ferais-je recueilli ? La Parole de Dieu ne m'atteint plus, et c'est grave pour moi. Tu te souviens comment j'étais ?

Fervent, enthousiaste, confiant et content. Comment ai-je pu être aussi naïf ? Je m'en rends compte aujourd'hui, avec nostalgie. J'ai perdu ce qui allumait ma ferveur ; je suis devenu d'un réalisme plat, pessimiste par surcroît. Je ne me reconnais plus. Peut-être suis-je en train d'immoler l'adolescent que j'étais pour aborder les rives de la maturité.

Ma nature est faite pour vibrer, pour sentir, pour toucher, pour expérimenter. La sensibilité crie, la raison ne sait plus où donner de la tête. Serait-ce donc cela les nuits de Jean de la Croix ? Moi qui ai tant joui quand je l'ai lu, je ne suis plus capable d'en lire une ligne. Les lectures spirituelles et théologiques me fatiguent. La prière n'a plus de moment fixe ; elle n'est qu'attente dans le vide, sans larmes. Je me sens épais dans cet état d'inertie.

Je me demande si le problème ne vient pas de ma carrière de pseudo-théologien, au sein d'un cadre qui ne me convient pas, même si l'Université Saint-Paul est somme toute très bien pour moi. Je me sens tellement marginal parmi mes collègues. Il faut être aveugle pour ne pas voir la tension intérieure que crée ce travail. On ne peut pas dire que je suis fidèle à ce que je suis vraiment. Mais que faire quand il n'y a rien d'autre. Faut bien vivre, non !

Péguy disait que tout le monde est poète à vingt ans, mais que seul le poète est encore poète à quarante ans. Je me sens plus poète que théologien, d'où mes recherches et mes efforts pour rejoindre les deux, à la suite de Patrice de La Tour du Pin, ce qui donne la théopoésie, incomprise par plusieurs. Que du vent ! Probablement que j'ai tort. J'essaie de comprendre mon indigence et mon apathie.

Je suis fatigué de la vie, quoique je ne sois pas trop débordé par les engagements. J'essaie de les fuir. J'aime tellement être seul. Les gens me laissent indifférents, plus, ils me déçoivent, comme je peux aussi les décevoir. Peut-être j'écris trop. Souvent, je n'ai pas de désir pour autre chose. Je ne me reconnais plus. Je suis seul, même entouré d'une famille. Ma vocation est de ne pas en avoir. Je traîne mon monastère intérieur partout où je vais. Ma foi, qui n'est pas statique, est dans ma vie, donc en crise ; elle évolue avec moi. Il me semble que je pourrais suivre Dieu d'une autre façon, plus en conformité avec le prophétisme qui m'habite. La vie est si courte. Mais où aller ? Quoi faire ? Je suis tellement rempli de moi-même. Je me regarde trop.

Continuons. Essayons d'aller plus loin. Dans ce désert, où je doute sans cesse de tout, surtout de moi-même, il faut que je tienne bon, que je sois un homme de devoir. Arrive alors ce que j'appelle la tentation de l'érotisme. Pas tellement l'érotisme avec Anne-Marie, qu'il faut réapprendre sans cesse pour créer du neuf, pour ne pas se lasser dans le couple, mais l'autre érotisme, celui qu'on étale dans les revues et les films, celui que la jeune fille de vingt ans porte si bien. Je suis tiraillé entre le plaisir et le devoir. On dirait que cet âge (le bel âge ou la force de l'âge, expressions fausses), qui est le milieu de la vie, se caractérise justement par un entre-deux : la réussite ou l'échec, la foi ou le doute, la durée ou l'aventure, le silence ou le divertissement, le superficiel ou l'essentiel. Cet âge, qui ne peut que décliner vers la mort, demande l'approfondissement des convictions, la stabilité de l'être. La tentation de fuir vers une autre femme, jeune si possible, est une recherche inconsciente de l'inaccessible fontaine de jouvence ; les concepts moraux ont du mal à tenir le coup devant ce mirage. Parfois, je voudrais que ce mirage soit réalité. La bêtise nous guette à quarante ans. Cela changerait la couleur du désert. Je sais du fond du cœur que cela me précipiterait dans une crise encore plus grande.

Le choix est clair : la sainteté ou la débauche. La première n'a pas bonne presse dans cette société de consommation axée sur la performance et la rentabilité. Je suis né avec la télévision, dans cette société d'abondance d'après-guerre. J'ai connu la réforme de l'enseignement, le mouvement hippie, et tout ce qui s'ensuit. Puis sont arrivés la conversion à Jésus le 2 juin 1972, mon séjour chez Jean Vanier, mes quatre années au monastère d'Oka... Après vingt ans, il est si facile de tout envoyer par-dessus bord, même si cela peut prendre des années pour ramasser les pots cassés. Je n'ai pas ce courage. Ce n'est pas par vertu, bien que la miséricorde de Dieu soit infinie, c'est par droit. Ai-je le droit de faire cela à ceux que j'aime ? J'en parle avec Anne-Marie qui essaie de comprendre elle aussi. Nous ne sommes pas à l'abri des expériences extra-conjugales. Cela nous rapproche. Nous restons quand même deux solitudes, unis dans la différence. Après *Les défis du jeune couple,* pourquoi pas *Les défis de la quarantaine* ? Pour l'écrire, il faudrait que j'en sorte. En aurai-je le goût ? Chaque âge comporte sa crise de croissance. Je persiste à croire, envers et contre tout, que chaque âge a sa grâce.

L'expérience du réel me fait apprendre la patience. Le Seigneur a ses desseins sur moi. Je veux le croire, même si l'idéaliste en moi en prend pour son rhume. La Croix du Christ me transforme. Mon élan se porte vers cette Croix bien malgré moi, où je n'ai qu'à être. De plus en plus dépendant et démuni de tout, qu'ai-je à donner et à recevoir, si ce n'est l'amour divin, dont j'ai à apprendre les exigences ? J'ai peur de ne pas être à la hauteur, je me méfie de moi-même. Jusqu'où est-il nécessaire de faire des compromis pour un succès éphémère qui réduit les exigences d'un absolu que je porte ? L'adolescent que j'étais ne transigeait pas avec cet absolu. Comment se fait-il que les promesses n'ont pas été tenues ? Je ne récolte pas ce que j'ai semé. Mes mains sont vides. Si au moins j'avais un peu plus le sens de l'humour pour en rire. Cela viendra, j'espère.

L'expérience de la banalité quotidienne et de la médiocrité contredit l'idéal que je portais. Et si c'est là que Dieu m'attendait, me questionnait, au cœur de cette expérience du réel, loin de toute exaltation et de tout fanatisme, pour approfondir son mystère et le mien ! Il est difficile de se tenir debout et de laisser le Créateur sculpter sa créature comme il l'entend. Cela prend du temps avant qu'émerge l'identité profonde de son visage intérieur. Je sais cela, tout cela, mais que faire avec le reste, tout le reste ? Accepter le désert des insuffisances et des pauvretés de l'existence pour accomplir une œuvre qui dure, non pas tant l'œuvre de mes livres que l'œuvre de ma propre vie.

Cela peut te sembler normal, toi qui dépasses la soixantaine. Je pense tout de même que cette lettre n'était pas inutile. Je te l'envoie, en toute amitié, en constatant amèrement que l'amour de Dieu ne me remplit plus le cœur comme avant. En t'écrivant, je ne me suis pas seulement écrit à moi-même, mais surtout à Lui, dont je ne connais plus le nom. Il sait ce que je vis ; je voulais juste le lui rappeler, et lui dire que je l'aime plus que jamais, bien que je ne ressente rien. Car je veux l'aimer, à sa façon ; Lui qui est Amour et qui « habite une lumière inaccessible » (1 Timothée 6, 16).

J. G.

Exprimer son mal-être

Cette lettre illustre bien la nature spirituelle de la crise du mitan de la vie, de la quête de sens qui s'y joue. Mon correspondant décelait, à travers ma sécheresse et mes questions, une crise mystique. Il m'encourageait en me disant que c'était une des plus belles grâces de ma vie, puisque cela m'embellissait intérieurement. Ma foi se purifiait au contact du Dieu vivant qui était à l'œuvre en ouvrant mon cœur et en me délivrant de mes illusions. Ce point de vue d'un croyant me semblait juste. Mais il fallait d'abord que j'exprime mon mal-être, que je tienne bon en ne fuyant pas dans le divertissement, que j'accepte mes limites comme le lieu de ma rencontre du Dieu d'amour.

Il me semble important que durant ce temps de crise la personne trouve un mode d'expression qui lui permette de dire ce qu'elle vit. Elle pourra ainsi exorciser son mal de vivre et voir un peu la lumière au bout du tunnel. Cela peut prendre plusieurs formes : confidences à un ami, lettres, journal intime, prières, poésie, peinture, danse, théâtre, musique, artisanat. L'art est thérapeutique.

L'être humain étant un *homo faber,* il s'agit ici de produire du sens, de créer quelque chose durant cette crise qui nous enfante à ce que nous sommes vraiment. C'est le sens profond du mot « poésie », *poiein* en grec, qui signifie faire devenir, produire, inventer, fabriquer avec art. Créer est une façon de donner la vie. En ce sens, Dieu est le plus grand des poètes, et Jésus nous le révèle comme tel en donnant sa vie, en nous révélant sa présence. Le poète américain Wallace Stevens (1879-1955) s'exprimait ainsi dans l'un de ses adages : « La plus grande idée poétique du monde est et a toujours été l'idée de Dieu [1]. »

Pour moi, le mode d'expression par excellence était l'écriture qui cristallisait ma pensée. En nommant ma souffrance par des lettres ou des poèmes, je précisais mes sentiments et je dégageais du sens. Je me renouvelais en prenant conscience de mes limites, en approfondissant mes relations envers mon épouse, mes enfants, mes étudiants. Je reconnaissais, bien que de nuit, la présence du Christ dans mon histoire.

Écrire mon insatisfaction était déjà une victoire en soi, un désir de faire partie de la solution, non du problème. Ce travail d'éclaircissement se traduisit par une grande fécondité littéraire. Je publiai une dizaine d'ouvrages, par nécessité intérieure, pour ma survie. C'était une façon d'assumer ma crise avec lucidité.

1. Cité dans Charles Taylor, *Les sources du moi,* Montréal, Boréal, 1998, p. 615.

Ne pas fuir la crise

En relisant attentivement la lettre, je remarque que toutes les dimensions de mon être étaient touchées, peu de domaines étaient épargnés : foi, amour, sexualité, paternité, écriture, travail universitaire. Cette remise en question mesurait la profondeur de mon désir et me mettait au monde d'une autre façon.

Je n'ai pas fui l'insatisfaction qui découlait de ma crise de la quarantaine. Au contraire, je l'ai regardée en face pour mieux la désarmer, faire corps avec elle, tel un lutteur fixe son adversaire en le contrôlant au plancher. Il était impérieux pour moi d'accepter cette insatisfaction qui me plaçait dans la ligne de vérité de mon être.

> Je change de direction, à l'intérieur, où je suis vu. J'entreprends un voyage dont le terme est ma mise au monde. Je ne finis jamais de naître.
>
> Je revendique mon droit à l'insatisfaction. Mon être inachevé m'engendre à une nuit plus lumineuse que l'aurore.
>
> Jacques Gauthier,
> *Marcheur d'une autre saison,*
> Noroît et Le Dé bleu, 1995, p. 48.

Pourtant, cette nuit me semblait bien obscure. Elle me plongeait dans un désert où le vent effaçait toute trace derrière moi. J'avais le choix d'avancer seul, dépouillé, n'ayant comme armes et bagages que mes mots et mes silences. Je lançais ces mots sur des chemins divers, mais le soir ils revenaient souvent bredouilles, comme des chiens épuisés d'avoir suivi tant de pistes. Je me dispersais en voulant trop comprendre, en désirant tout savoir. Il fallait que je renonce à ce vouloir et à ce désir, comme Abraham immole son Isaac, l'enfant de la promesse. La vie m'invitait à faire le deuil de mes illusions et de mes efforts. L'impossibilité de vivre l'infini de mon désir me condamnait au réel quotidien, à mes limites d'homme en proie au manque et à la mort.

> C'est un homme au bord de son intimité
> inconsolable comme une ville assiégée
> quand les verrous s'acharnent aux portes
> et les mourants font fuir les oiseaux.
>
> Jacques Gauthier,
> *Consentir au désir,*
> Écrits des Forges, 1994, p. 35.

Accepter ses limites

À l'été 1995, je fis l'expérience de ma finitude humaine comme jamais avant. Une double pneumonie me clouait au lit. J'avais rencontré un adversaire plus fort que moi : la maladie. Je pensais mourir. Plus rien ne me retenait à la vie, pas même mon épouse et mes enfants. Je me sentais si vieux au-dedans. Je priais comme j'étais, dans la position allongée d'un corps qui s'en remettait à Dieu. Je répétais le nom de Jésus à chaque respiration, comme si je m'accouchais pour naître de nouveau. Je l'appelais pour qu'il me prenne, me délivre de la nuit, me blesse d'amour à l'aurore. Cela ressemblait au combat de Jacob avec Dieu : « Je ne te lâcherai pas, que tu ne m'aies béni » (Genèse 32, 27). Mon dernier souffle, ma dernière larme, ma dernière prière étaient pour Lui. Je me sentais flotter dans la chambre. Puis, au matin, je cessai de me battre. Je lâchai prise. Je m'abandonnai enfin, simple-

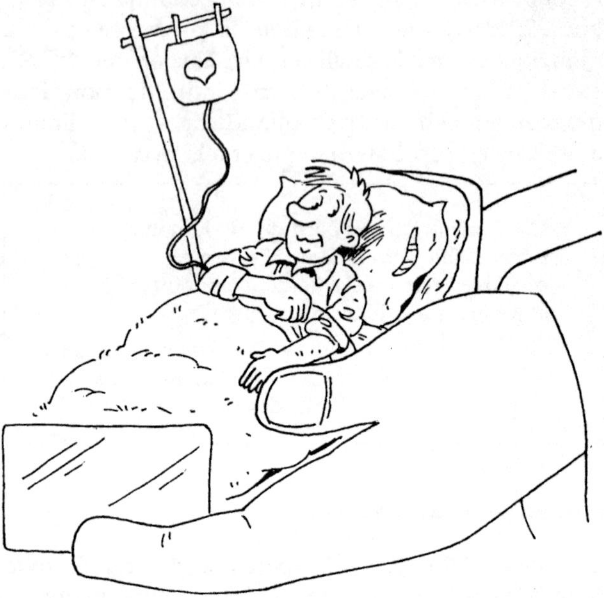

« Je m'abandonnai enfin... »

ment, pauvrement, remettant au Christ mon impuissance à aimer comme il m'aime. J'acceptai mes limites. Ce n'était pas de la résignation, mais la joie d'une rencontre. Que de fois n'ai-je pas refait cet acte d'abandon par la suite !

La mort devint ainsi une amie. En l'acceptant, c'est la vie que j'accueillais. Depuis ce jour, l'angoisse de la mort m'a quitté. J'empruntai un autre passage, une petite voie de libération faite d'amour et de confiance. Une jeune carmélite de Lisieux, morte de tuberculose à vingt-quatre ans, en avait tracé l'itinéraire sur des manuscrits que seuls ceux qui n'ont plus rien à prouver peuvent déchiffrer. La rencontre avec Thérèse de l'Enfant-Jésus, lors du centenaire de son entrée dans la vie (1897-1997), marqua la fin de ma quarantaine. Je dois beaucoup à cette femme de désir qui comprit par sa vie que l'amour infini du Dieu Père, Fils et Esprit se complaît surtout dans ce qui est petit, faible, délaissé, éprouvé [1].

Aujourd'hui, je sais par expérience que je ne suis pas seul. Je suis accompagné et rêvé par ce Dieu d'amour qui demeure toute ma joie. Ce que je croyais perdu m'est revenu avec plus de simplicité. J'ai renoncé à prendre le chemin pour me laisser porter davantage par le Christ ressuscité. Il vient à ma rencontre et j'essaie toujours de l'accueillir comme un enfant, en toute confiance, sans comparer et sans juger. L'amour et la foi me guident mieux que mes sens sur ce chemin qui m'échappe sans cesse quand je pense le saisir. Il sème en moi des mots que je ramasse comme des fleurs le long de ma route pour vous les offrir, nous qui sommes des aveugles en quête de lumière.

> Je conduirai les aveugles par un chemin qu'ils ne connaissent pas,
> par des sentiers qu'ils ne connaissent pas je les ferai cheminer,
> devant eux je changerai l'obscurité en lumière
> et les fondrières en surface unie.
>
> *Isaïe 42, 16.*

1. Voir *Toi, l'amour. Thérèse de Lisieux,* Sillery et Marcq-en-Barœul, Anne Sigier, 1997, qui est une sorte de longue lettre à la deuxième personne où je reprends les grandes étapes de sa vie, et *Thérèse de l'Enfant-Jésus, docteur de l'Église,* Sillery et Marcq-en-Barœul, Anne Sigier, 1997, qui est un essai où je dégage huit attitudes intérieures de sa spiritualité et cinq caractéristiques de sa théologie (spirituelle, pratique, narrative, existentielle, espérante).

2

UNE CRISE DU DÉSIR

Le désir qui fait vivre

Nous sommes des êtres de désir et de parole qui aspirent au bonheur. Créés à l'image d'un Dieu Amour, nous voulons des relations qui soient comblantes. Bref, nous désirons tous vivre heureux. « Ce désir est d'origine divine ; Dieu l'a mis dans le cœur de l'homme afin de l'attirer à Lui qui seul peut le combler » (*Catéchisme de l'Église catholique*, n° 1718).

C'est peut-être le drame de nos sociétés de consommation qui, en permettant tout, ne donnent pas le désir de vivre. Que d'enfants, d'adolescents et d'adultes déprimés, tentés par la drogue et le suicide ! Ils sont désireux d'un désir qui fait vivre et non pas d'objets matériels qui les étouffent. Le psychologue et théologien Hubert Auque note avec justesse : « L'homme contemporain est un être repu qui ne sait plus où est son manque tant il s'est évertué à le recouvrir. À force de boucher le vide, l'homme ne se situe plus au pourtour du vide, il est dans le vide : il est devenu vide [1]. »

Qu'arrive-t-il au moment de la quarantaine lorsque les fondations sur lesquelles nous bâtissions notre vie semblent s'écrouler ? Comment réagir lorsqu'on se rend compte que la satisfaction de tous nos désirs matériels ne nous rend pas plus heureux ? Que faire lorsque nos certitudes s'effritent, nos émotions s'entremêlent, nos questions se multiplient ? Une chose :

1. Hubert Auque, *Renoncer. Un cheminement spirituel*, Genève, Labor et Fides, 1998, p. 59.

recentrer notre vie en fonction du désir profond qui correspond à l'élan de notre être et qui est toujours plus haut que nous-mêmes. « Le désir, c'est la veilleuse de la vie, c'est cette étincelle toujours allumée qui permet à la flamme de jaillir[1]. »

Approfondir ce désir qui fait vivre et qui ne demande qu'à brûler, c'est aller au bout de soi-même, monter toujours plus haut, se dépasser en se décentrant de soi pour se tourner vers l'autre à aimer. Maurice Zundel propose dans ses écrits cette voie de l'approfondissement du désir où tout ce à quoi le monde aspire est exaucé par le Christ. Il déclare, dans une homélie du temps de l'Avent, que l'infini de ce désir qui nous libère de nous-mêmes nous permet « d'être vraiment une source, une origine, un commencement, un espace où tout peut respirer et s'accomplir[2] ». Notons que c'est à quarante ans, en 1937, que Zundel va étudier à l'École biblique de Jérusalem. Cette année est marquante pour lui. Il creuse son désir qui se manifeste par « une soif inextinguible de connaître Celui qui est la Vie de sa vie[3] ».

Le désir humain n'est donc pas un leurre ; il signifie que nous sommes faits pour la vie en abondance, pour la grandeur du dépassement, pour la plénitude de l'amour. Marcel Légaut écrit : « Cette aspiration impérieuse vers le dépassement naît en l'homme parce qu'il est menacé dans l'essentiel. Elle jaillit de lui. Elle fait corps avec lui. Véritable sursaut de son être, elle contraste avec ses autres désirs même les plus puissants. Elle relève moins de sa volonté que de

1. Andrée Freiche, « Le stress de l'âge et la crise du milieu de la vie », *Accueil Rencontre,* Paris, n° 130, 1989, p. 8.

2. Maurice Zundel, *Ta parole comme une source,* Sainte-Foy, Anne Sigier, 1987, pp. 59-60.

3. Marc Donzé, *Prier 15 jours avec Maurice Zundel,* Montrouge, Nouvelle Cité, 1997, p. 13.

tout ce qu'il est, même de ce dont il n'est pas encore conscient[1]. »

Les mystiques chrétiens parlent de ce désir avec ardeur. Saint Bernard écrivait dans son traité *L'Amour de Dieu :* « Dieu a fait de toi un être de désir et ton désir, c'est Lui, Dieu. » Il s'inspirait d'Augustin qui n'arrêtait pas de dire que « le désir est le fond du cœur ». Thérèse d'Avila ajoutera plus tard que « notre désir est sans remède ».

Le 29 octobre 1943, Gitta Mallasz demanda à l'ange qui la visitait, ce qu'est le désir : « C'est la marque de la distance. Tu ne désires pas ce que tu possèdes. Sois attentive ! IL t'a créée pour que tu rayonnes, mais il y a une distance entre TOI – et toi[2]. » Un profond désir fera naître en Gitta les mots qui lui révéleront sa tâche de servir, de rayonner, de donner, d'aimer.

La genèse du désir

Au début, le nouveau-né est un être de besoin. Le sentiment d'union fusionnelle qu'il avait avec sa mère dans le sein maternel perdure. Il s'éveille, sa mère est là ; il a faim, elle le nourrit ; il pleure, elle le console. Chaque geste de sa mère en réponse à chacun de ses besoins lui donne l'impression qu'il se satisfait lui-même. Il est tout-puissant, puisque sa mère est tout, et qu'il est fusionné avec elle.

À mesure que le nourrisson éprouve des besoins, il accapare des objets qu'il centre sur lui-même. Il n'est

1. Marcel Légaut, *L'homme à la recherche de son humanité,* Paris, Aubier, 1971, pp. 13-14.

2. *Dialogues avec l'ange,* Un document recueilli par Gitta Mallasz, Paris, Aubier, 1990, p. 109.

pas capable de faire la différence entre l'objet et lui-même ; par exemple, son ourson, c'est lui. Quand le corps de sa maman apparaît, il est le corps de sa maman. Quand le corps de celle-ci disparaît, il fait l'expérience de n'être plus rien, de se retrouver seul au monde. Il attend. Il prend ainsi conscience que la partie en lui qui éprouve des besoins est distincte de sa mère qui les satisfait. Commence alors le désir.

Freud donne l'exemple du sein maternel qui apparaît lorsque l'enfant crie. Le cri, langage du nourrisson, même s'il produit le retour du sein, donc de sensations agréables, est aussi une façon de refuser ou de se soumettre à la différence. Le cri exprime le refus de renoncer à l'unité du début, quand l'enfant ne formait qu'un avec sa mère. Un manque est alors éprouvé et qui ne sera jamais comblé complètement ; c'est le désir. Le cri est la douleur du désir qui n'est pas comblé.

Le nourrisson fixe son attention sur ses jouets, sur les autres personnes autour de lui. Il va se définir par rapport aux objets qui lui manquent. Il fait disparaître et réapparaître les objets. Il joue à cache-cache avec le réel, avec ce qui n'est pas lui, avec sa maman, objet de désir par excellence. Il est capable de s'éloigner de plus en plus d'elle. Pour faire face à l'insécurité de son désir, il va utiliser ses cinq sens. Il se met à désirer sa mère en tant que personne qui est tout pour lui ; c'est en quelque sorte sa première expérience du désir de Dieu. Le désir de l'autre (ses parents) et de l'Autre (Dieu) anticipe son propre désir. Il continue la chaîne désirante des humains. « Il sera en quelque sorte protégé de la toute-puissance que pourrait occuper son désir quand il le découvrira maillon d'une chaîne dont l'origine est Dieu. Croire, c'est accepter cela, accepter qu'il n'y ait pas d'autonomie de son désir, que nous ne sommes pas agent de notre propre origine : c'est le renoncement fondamental[1]. »

Le père, ou une autre personne si la famille est monoparentale, va aider l'enfant à « se séparer psychologiquement de sa maman » et lui faire comprendre « qu'il y a une limite à la relation de dépendance avec sa maman[2] ». En étant un modèle ferme, tendre et présent, il défusionnera l'enfant du paradis que représente sa mère, l'ouvrant au désir d'un autre. Ce travail de toute une vie se transpose dans la religion où on passe d'une relation fusionnelle avec Dieu à une relation intime et transcendante. Le désir de Dieu devient soif de sa présence vécue dans l'absence.

À l'adolescence, c'est la quête de l'identité, le questionnement d'un sens à l'existence. L'adolescent cherche à se définir en relation avec le fondement de son existence. Il désire la communion, la totalité de l'expérience, l'amour. En quittant ses parents et en incarnant un rêve de vie, il passe dans le monde adulte. À la trentaine, il commence à mesurer l'écart entre son rêve et la réalité. À la quarantaine, il s'affirme en voulant devenir davantage lui-même. Il suit son désir profond qu'il avait entrevu à l'adolescence. Il construit un projet de vie plus authentique qui l'amène à la maturité de son désir, au-delà des besoins.

1. Hubert Auque, *Renoncer. Un cheminement spirituel,* Genève, Labor et Fides, 1998, p. 69.

2. Jacques Gauthier, *Les défis du jeune couple,* Paris, Le Sarment-Fayard, 1991, pp. 132-133. Sur la relation mère-enfant, lire pp. 113-126, et sur la relation père-enfant, lire pp. 132-140. Pour prolonger la réflexion sur la paternité, lire Philippe Oswald, *Debout les pères !,* Paris, Le Sarment-Fayard, 1996.

L'enfant ne tardera pas à s'apercevoir que la mère n'est ni Dieu ni ce paradis tout fait qu'elle offrait d'abord, dans la béatitude passive et diffuse de l'union fusionnelle entre elle et lui. Mais, comme l'ont montré W. Penfield et A. Tomatis, l'enfant ne perdra pas le souvenir, même intra-utérin, de cette expérience extraordinaire qui a mis au cœur même de sa personne le goût mystérieux de la relation avec *quelqu'un qui est tout.* D'où, au fur et à mesure que le quotidien fait toucher les limites de tous et chacun, parents y compris, la montée de l'espoir fondamental et récurrent qu'éprouve chaque psychisme humain de retrouver QUELQU'UN qui soit Tout, non plus dans une relation fusionnelle, mais dans l'autonomie d'une relation de PRÉSENCE et D'UNION.

Yvon Saint-Arnaud,
La relation d'aide pastorale,
Bruxelles, Éditions G.R.D.R.I., 1996, p. 12.

Les besoins et le désir

En psychanalyse lacanienne, le langage est le véhicule du désir. Le désir tend à faire des images, créant ainsi du sens. Mais le désir étant infini, le langage ne peut pas le combler. Il est un entretien de la vie et de la mort. Plus l'adulte parle, plus il s'éloigne du dire premier, fusionnel, avec la mère. Arrivé à la quarantaine, il va remonter inconsciemment au premier mot d'amour, où le désir, béance à combler, est connu dans toute sa vérité.

Le psychanalyste jésuite Denis Vasse place le désir comme étant la caractéristique de l'être humain. Il distingue la dynamique du besoin répétitif (les désirs) et la dynamique relationnelle comblante (le désir). C'est le désir qui fait vivre vraiment en tenant ensemble les différences, en ne réduisant pas l'autre à un objet, à un besoin. La rencontre avec l'autre peut ainsi avoir lieu parce qu'il y a gratuité de présence.

Cette conversion du besoin en désir n'est jamais définitive : « Ce mouvement que nous appelons " désir ", naît ainsi du besoin (le besoin de consommer ou de savoir, de connaître) mourant à lui-même. Le lieu où s'exerce cette conversion toujours à reprendre est l'amour[1]. » Se révèle alors la transcendance du désir, du désir de Dieu Amour. L'auteur analyse cette transcendance du désir dans sa lecture des deux Thérèse : *L'Autre du désir et le Dieu de la foi. Lire aujourd'hui Thérèse d'Avila* (Seuil, 1991) ; *La souffrance sans jouissance ou le martyre de l'amour. Thérèse de l'Enfant-Jésus et de la Sainte-Face* (Seuil, 1998).

Au lieu de vivre pour combler nos désirs en consommant toujours plus, pourquoi ne pas trouver le désir essentiel qui est du domaine de la communication, de la relation, de l'amour, du spirituel en nous ? Encore faut-il le nommer, l'ouvrir au désir de Dieu sur soi ! La crise de la quarantaine en est l'occasion rêvée, car elle invite au changement et à l'intériorisation, au dépassement du métro-boulot-vidéo-dodo. C'est « un moment pour trouver le sens profond de notre vie, la minute de vérité pour libérer le meilleur de nous-mêmes qui surgit du fond de notre être, et nous laisse pressentir que nous sommes infiniment plus que nous croyons être vraiment[2] ».

1. Denis Vasse, *Le temps du désir,* Paris, Seuil, 1969, p. 39.
2. André Daigneault, *Du cœur de pierre au cœur de chair,* Charlesbourg, Éditions Le Renouveau, 1989, p. 119.

Le seuil des quarante ans est aujourd'hui un moment critique dans l'existence humaine. Jusqu'à ce tournant, l'itinéraire de beaucoup d'hommes et de femmes fut plein d'efforts et de réussites. Au moment où ils se réjouissent d'être « arrivés », voici que surgit un harcèlement inattendu : *il faut* se recycler, voire se réorienter ou même changer de métier ; *il faut* devenir plus compétitif, car âpre est la lutte économique, précaire mainte situation. *Il faut* se remettre en question... Une fois la crise surmontée, les plus courageux – ou les plus chanceux – parviennent à ce que Beirnaert appelle la *sérénité dynamique* : état calme, mais pas « plat », de santé humaine. Ils vont leur chemin, paisibles parce que réalistes. Ils entreront en leur vieillesse avec une assurance contagieuse pour leurs proches.

Père Amédée, Dominique Megglé,
Le moine et le psychiatre,
Paris, Bayard Éditions / Centurion, 1995, pp. 24-25.

Des questions qui créent du sens

Les gens s'interrogent beaucoup durant la crise de la quarantaine. Ils sont invités à passer des besoins répétitifs du moi narcissique (avoir et pouvoir) au désir comblant du moi profond (être et amour). Les questions favorisent la découverte du désir profond, lieu de la soif et de la parole. Elles créent du sens, mettent en route, touchent le passé, le présent et l'avenir, notre place dans le monde. En voici quelques-unes entendues ici et là :

« Où s'en va ma vie ? Me suis-je trompé dans mes choix ? Devrais-je changer de partenaire, de travail, de maison ? Ne suis-je pas prisonnier de mon mariage, de mon emploi ? Pourquoi est-ce que je me fatigue tant ? Dans quel but dois-je prendre tel engagement ? Pourquoi faire tout cela ? Qu'est-ce que je veux ? Qui suis-je vraiment ? Qu'ai-je accompli d'important ? Est-ce que je vaux quelque chose ? Qu'est-ce qui m'intéresse le plus ? Que sera l'avenir ? Dans quelle direction dois-je orienter le reste de ma vie ? Qu'est-ce que cela me donne de croire, de prier ? Qui est Dieu ? Pourquoi ne répond-il pas à ma détresse ? Quelle est la valeur ultime pour laquelle je donnerais ma vie ? Pourquoi mourir ? Qu'est-ce qui me fait vivre ? »

Ces interrogations débordent les seules réalités physique et psychologique pour rejoindre la dimension spirituelle de notre être. Elles révèlent une crise existentielle qui pose la question du sens de la vie et de son devenir. Cette crise spirituelle se situe au niveau du désir profond, puisque la personne est invitée à aller au bout d'elle-même, à découvrir ce qu'elle est appelée à être et à devenir. Elle apprend à rechercher non pas un Dieu extérieur à elle-même, mais un Dieu faisant partie intégrante de sa vie. Elle atteint ce désir ardent en s'abandonnant, non en en faisant l'objet de son travail, comme l'évoque ce dialogue de l'ange avec Lili.

– Quel est ton désir le plus ardent ?
L. Être toujours avec toi et de ce fait être unie à toi.
– D'où attends-tu cet accomplissement ?
L. Ce sera l'objet de mon travail.
– « Objet » ! Ce n'est pas un « objet ».
L'objet est ce qui est le plus dense.
Laisse les objets !
Il est au-dessus de l'objet, ton plus ardent désir.
Tu ne l'atteindras jamais
si tu en fais « l'objet » de ton travail.

Dialogues avec l'ange,
Paris, Aubier, 1990, p. 127.

Revoir ses priorités

Au passage de la quarantaine, rien n'est calme. Alors que tout semble normal à l'extérieur, la personne est comme un Vésuve en ébullition. Elle est confuse dans ses désirs et n'est pas bien dans sa peau. Tout bouge physiquement, psychologiquement, spirituellement : la vue baisse, le tour de taille augmente, la sexualité devient préoccupante. C'est le temps des changements ou des pertes d'emploi, des ruptures avec son entourage, des déménagements, des recherches d'un autre milieu, des projets de se lancer en affaires ou de créer sa propre entreprise, des voyages, des maladies, des dépressions nerveuses, des divorces. On quitte des pratiques et des principes religieux de son enfance pour d'autres voies : Nouvel Âge, sectes, ateliers de croissance personnelle plus ou moins libérateurs...

« Au lieu de vivre pour combler nos désirs en consommant

Ma lettre du chapitre précédent évoquait ces changements. La sécheresse spirituelle, l'insatisfaction, le vide, le manque, la fatigue, le doute étaient les signes évidents de cette crise du désir. Comme plusieurs, j'étais tiraillé entre le plaisir du divertissement et le devoir de la fidélité envers moi-même, mon épouse, ma profession. Je vivais comme dans un entre-deux, emporté à la dérive sur le fleuve de la vie. Je faisais l'expérience de mes limites, de ma finitude, de l'incapacité de vivre en accord avec mon désir profond. Dieu me semblait loin, très loin. Il fallait revoir mes priorités.

J'étais arrivé à l'université avec beaucoup d'enthousiasme, comme on l'est normalement au début de toute carrière. J'étais rempli de rêves, de projets, de promesses. Avec le temps, la réalité de la finitude

toujours plus, la crise de la quarantaine invite à l'intériorité. »

humaine faisait son œuvre. Ça n'allait plus comme je l'espérais : des cours qu'on m'imposait, des étudiants indifférents, des collègues distraits, une bureaucratie étouffante, des fonctions administratives à partager. Pourtant, j'étais apprécié par la direction et j'avais des promotions. Mais quelles étaient mes priorités ?

Cette remise en question se répercutait dans ma vie conjugale. Mon épouse était toujours la femme de ma vie. Nous avions relevé ensemble tant de défis, développé des complicités dans la confiance, éduqué du mieux qu'on pouvait nos quatre enfants, dont deux étaient dans la crise de l'adolescence. Nous nous étions apprivoisés, avions « créé des liens », comme disait le renard au *Petit Prince*. Nous étions l'un pour l'autre « unique au monde ». Mais ce « vivre ensemble » depuis tant d'années avait apporté une certaine routine, des habitudes, des conflits. Le projet du couple était encore pour moi une chance d'être plus humain, l'occasion de m'ouvrir à l'autre dans sa différence, de l'accueillir comme un don. Mais la réalité grugeait notre amour, d'où la possibilité imaginaire d'une relation avec une autre personne faite de fantaisie et de nouveauté. Il fallait revoir nos priorités, protéger nos deux solitudes, se garder dans le respect des différences. Où était notre désir profond comme couple ? Comment tenir notre projet d'une humanité à bâtir, d'un avenir à inventer ensemble ?

Une crise du « croire »

Cette crise du désir affectait aussi ma relation avec Dieu. L'expérience chrétienne de Dieu est médiatisée par ce que nous sommes, par ce que nous vivons dans le temps et l'espace, par notre façon de comprendre l'univers, l'histoire, la société, l'Église, le Christ. Cette expérience de foi devient nécessairement vulnérable aux chocs que subissent les médiations au mitan de la vie.

Mais la foi toute seule n'existe pas. Il y a une personne qui croit ou qui ne croit pas. La foi n'est pas un objet que l'on conserve comme un précieux souvenir, c'est un acte envers un sujet qui donne un sens à notre vie en devenir. Ce n'est pas quelque chose qu'on a et qu'on possède, c'est croire en quelqu'un avec qui on entre en relation d'alliance. La foi est la rencontre de deux désirs.

Ma foi évoluait avec moi, elle était donc en crise. Elle grandissait avec moi. Il fallait me battre intérieurement pour continuer à croire, car je me sentais bien faible. L'épreuve du silence et de l'absence de Dieu s'enracinait dans cet ébranlement des médiations qui étaient tout de même les signes de sa présence et de son amour. Mais comme le peuple hébreu durant le temps de l'Exil, je ne pouvais que gémir dans l'attente :

> Mon âme a soif de Dieu,
> du Dieu vivant ;
> quand irai-je et verrai-je
> la face de Dieu ?
>
> Ps 42, 3.

Dieu s'offrait à moi au cœur de cette expérience du manque, loin de ce qui brille, pour m'approcher humblement de son mystère et du mien. Comme Moïse, il fallait me déchausser devant le buisson ardent ou, à l'exemple de Pierre et Jean, me baisser pour voir le tombeau vide du Seigneur, et croire en la présence de son absence.

Ma souffrance du silence de Dieu manifestait mon désir de lui...

Est-ce Dieu lui-même qui purifiait les images que je me faisais de lui ? Le plus difficile était de le laisser faire, sans comprendre, comme la toile n'est rien avant que le peintre ne la touche. Il était l'Autre lointain, au-delà de ces médiations qui m'avaient mis en route dans un mouvement de désir de lui. Il me révélerait en son temps mon visage intérieur. Ce désir creusait ma soif. J'espérais une eau vive sans me douter que le puits de mon cœur était si profond.

Ma souffrance du silence de Dieu mesurait beaucoup plus mon désir de lui que mon incroyance. Aussi, je fis mienne ces paroles que Jésus avait dites à la Samaritaine, un certain midi : « Si tu savais le don de Dieu et qui est celui qui te dit : Donne-moi à boire, c'est toi qui l'aurais prié et il t'aurait donné de l'eau

L'éveil

L'éveil m'a saisi alors que je dormais. Une maison s'est construite en mon absence. Le jardin a fleuri.

J'étais parti hors de moi, un domaine prenait forme. À mon insu, quelqu'un posait les fondations d'un empire.

Où étais-je ? Mais étais-je ? Mes cellules s'éveillaient une à une à un devenir dont j'ignorais le trajet. Tout travaillait pendant que l'enveloppe se reposait.

J'avais enfin lâché prise au-dedans. Je ne sentais plus rien, pourtant quelqu'un me faisait, caché de nuit comme de jour. La vraie vie était donc ailleurs, mais je n'étais pas un autre. J'étais sans moi. Était-ce possible ?

Je ne rêvais plus, j'étais rêvé. Je n'habitais plus, j'étais habité. Je ne désirais plus, j'étais désiré.

L'éveil illuminait mes ténèbres sans que je le sache. J'étais éveillé. Comment l'ai-je su ? Mon ancien moi qui se mourait, les autres qui s'étonnaient, l'Autre qui ne demandait rien. Alors les pourquoi se turent.

L'éveil était là, toujours là. Le silence, ami du mystère, me murmurait seulement un pourquoi pas. Je savais que j'étais vu. J'étais engendré du dedans, indigne de la souffrance qui m'avait amené à cet enfantement de l'homme nouveau.

Jacques Gauthier,
Les mots de l'Autre.

vive » (Jn 4, 10). Saint Jean relate qu'un autre jour, Jésus, debout, s'écria : « " Si quelqu'un a soif, qu'il vienne à moi, et il boira, celui qui croit en moi ! " selon le mot de l'Écriture : de son sein couleront des fleuves d'eau vive » (Jn 7, 37-38).

Mon désir profond m'était alors révélé. Il me parlait de l'Autre, c'est-à-dire de la vie, de la joie, de l'amour, de la liberté, tout ce qu'est le Christ pour moi. Mon désir était relancé : « Que l'homme assoiffé s'approche, que l'homme de désir reçoive l'eau de la vie, gratuitement » (Ap 22, 17).

Quelqu'un m'avait accompagné tout au long du chemin de la quarantaine, me refaisant de l'intérieur, me réchauffant le cœur, comme avec les disciples d'Emmaüs. Je m'éveillais à sa présence. Il réveillait mon désir en l'ouvrant à une densité de vie inespérée. Transfiguré, j'assistais à mon propre enfantement. Un homme nouveau était né de cet éveil.

3

À LA DÉCOUVERTE DE SON DÉSIR : DIX ATTITUDES

Tous ne sont pas frappés de la même façon par cette crise de la quarantaine, crise du désir et de la durée. Par contre, tous peuvent la vivre comme une croissance psychologique et spirituelle. Pourquoi ne pas y voir l'œuvre de Dieu qui libère notre désir profond ? Que cherchons-nous si ce n'est ce désir qui fait vivre ? Comment le trouver ? Voici dix attitudes pour y arriver, autant d'étapes qui mènent à la rencontre avec soi-même, l'autre, Dieu.

1. Reconnaître son insatisfaction

On remarque au mitan de la vie un malaise général, une insatisfaction difficile à nommer, une angoisse qui est la perte de ce que l'on pensait acquis : jeunesse, confiance, force, popularité, argent, amour, sécurité. Plus rien d'utile et d'agréable ne semble convenir. Le métier ne comble plus. L'absence d'un « je ne sais quoi » rend le silence et la solitude de plus en plus pénibles. L'amour même paraît bien loin. On cherche la raison ultime de notre vie devant la mort qui se fait plus présente.

Cette impuissance face à la vie qui passe oblige la personne à affronter un réel jusqu'alors inconnu. Elle est devant un vide, une nuit, un désert, où elle est invitée à immoler ses désirs de toute-puissance (avoir, savoir, pouvoir). Ce bénéfique désert du cœur lui fait renoncer à la popularité et au prestige. Il ne reste que la claire vision de son indigence, et, si elle est croyante, de la miséricorde infinie du Dieu qui chérit les enfants prodigues et qui invite à la fête gratuite de l'amour.

L'insatisfaction ressentie à la quarantaine amène un changement qui ressemble à une sorte de conversion. En effet, l'expérience de la conversion, qu'elle soit intellectuelle, morale, religieuse, se manifeste au début par une insatisfaction, une inquiétude, une angoisse. C'est un passage de la mort à la vie, si cher au christianisme, un décentrement de soi au nom même de l'amour. Pâques en est l'ultime référence.

Reconnaître son insatisfaction est le premier pas lucide sur le chemin qui mène à la vérité du désir, où une croix se dessine à l'ombre des bras, comme le chante Brassens sur des paroles d'Aragon.

Rien n'est jamais acquis
À l'homme, ni sa force,
Ni sa faiblesse, ni son cœur,
Et quand il croit ouvrir ses bras,
Son ombre est celle d'une croix.
Et quand il veut serrer
Son bonheur, il le broie.
Sa vie est un étrange
Et douloureux divorce.
Il n'y a pas d'amour heureux.

Louis Aragon.

2. Écouter ses questions

Nous l'avons vu au chapitre précédent, la personne qui se pose des questions revoit ses priorités et ses schèmes de pensée. Elle remet ainsi en cause ce qu'elle a toujours cru et cherche un sens à son existence. En écoutant ses questions, elle donne une nouvelle direction à son existence. Elle tente de combler le vide qui la tenaille. Si elle rejette souvent les règles imposées, c'est parce qu'elle prend conscience de son unicité.

Ses questions sont des indicatifs qui l'amènent au cœur de son individualité, à la fine pointe de son âme où seul le désir d'aimer fait vivre vraiment. Elle n'aura de repos qu'en obéissant à ce désir qui porte sur ce qui dépasse la réalité donnée. Ce désir ne peut pas être rassasié, puisqu'il transgresse les limites de son objet en reconnaissant que l'autre sera toujours autre, et que Dieu sera toujours Dieu.

> Le propre de Dieu ne serait-il pas de se dévoiler, non pas comme solution de nos problèmes et de nos interrogations, mais comme Celui dont les réponses ne clôturent jamais un questionnement libérateur ? Et le questionnement, n'est-ce pas précisément ce qui alimente toute invention de sens ?
>
> Xavier Thévenot,
> *Avance en eau profonde,*
> Paris, Desclée de Brouwer/Cerf, 1997, p. 42.

3. Trouver un sens à sa vie

La recherche du sens de la vie semble être le questionnement le plus important à la quarantaine. La personne se rend bien compte que l'accumulation des richesses ne constitue pas le but ultime de l'existence. Elle réfléchit davantage sur elle-même en remettant en cause les valeurs du néolibéralisme basées sur le succès financier, la rentabilité, la performance économique, la compétitivité, au détriment de la compassion, de la solidarité envers les pauvres, les chômeurs, les SDF.

L'accumulation des richesses n'est plus le but ultime de la vie.

L'argent devient le dieu qui impose son credo. Ses stars médiatiques sont les athlètes sportifs, les vedettes de cinéma, les chanteurs et chanteuses. N'entendez-vous pas son murmure mercantile qui souffle dans nos cités occidentales ! Pourtant, il ne peut pas acheter le désir qui est par essence non possessif. Contrairement à l'animal, l'être humain ne trouve son désir qu'en cherchant un sens à sa vie qui se trouve dans le risque d'aimer, non dans les critères d'une société du paraître où il faut être beau, jeune, grand, fort, riche.

Thérèse de Lisieux résume cela dans le poème « Vivre d'amour » où le désir demeure désir, au-delà même de l'amour et de la mort. Aussi voulait-elle passer son ciel non à se reposer mais à aimer et à faire aimer l'amour personnifié en Jésus. Son désir embrassait ainsi l'éternité.

> L'existence fulgurante de Thérèse nous révèle que l'amour n'est pas un geste d'avoir mais d'être, que le temps, comme disait Thérèse d'Avila à propos de l'oraison, n'est pas de penser beaucoup mais d'aimer beaucoup, qu'il ne s'agit pas d'entrer en compétition mais d'accueillir, que l'amour n'est pas seulement un sentiment mais surtout un vouloir. Ainsi sommes-nous dans l'ordre du désir profond qui fait vivre. Et ce désir a un nom : Jésus.
>
> Jacques Gauthier,
> *Thérèse de l'Enfant-Jésus, docteur de l'Église,*
> Sillery, éd. Anne Sigier, 1997, p. 29.

4. Convertir le besoin en désir

L'être humain ne peut pas être enfermé uniquement dans ses besoins. Mais à la quarantaine, le besoin veut dominer : besoin d'aventure, de nouveauté, de se divertir, de se faire valoir, de contrôler les autres. Il peut devenir tyrannique et mener au désespoir. Ainsi, satisfaire le simple besoin de manger n'a pas la même importance que de coucher avec qui on veut, quand on en a envie, comme certains messages publicitaires semblent l'insinuer. En ce sens, on ne mange pas et on ne fait pas l'amour, on « bouffe » et on « baise ». C'est l'ère du « tout le monde le fait, fais-le donc ». On vit pour consommer. La publicité nous vend des gadgets, des images de marque, du bonheur facile, la réussite personnelle, le rêve américain. L'autre est éliminé. La parole devient marchande. Elle ne dit plus le mystère qui nous habite, comme l'exprime cette hymne du poète Patrice de La Tour du Pin :

> Quel secret habitons-nous ?
> Quel mystère nous habite ?
> Nuit de Dieu, de Dieu en tout !
> Toutes choses y gravitent,
> Et Celui qui les a dites
> Est nuit à nuit avec nous [1].

Le besoin rassure sur le coup, mais après qu'arrive-t-il ? Y a-t-il un espace pour la rencontre, la liberté, l'alliance ? Le corps de l'autre n'est pas un moyen pour arriver à ses fins, mais une histoire à respecter. La transcendance de son visage révèle l'altérité du désir. En convertissant le besoin en désir, la personne à la quarantaine ne meurt pas avec son besoin satisfait ; elle s'ouvre à l'espérance. Elle évangélise son désir qui s'exprime par l'acceptation de l'insatisfaction, l'écoute des questions, la quête de sens.

Ce désir la fait entrer dans un monde de communion et de compassion où elle est reconnue aimable par elle-même, ses proches et l'Autre. Le désir se loge

---

1. Patrice de La Tour du Pin, *Une somme de poésie III,* Paris, Gallimard, 1983, p. 465. Pour l'étude de ses hymnes, voir *Que cherchez-vous au soir tombant ?* Paris, Cerf/Médiaspaul, 1995 : pour passer quinze jours en compagnie du quêteur du Dieu de joie, voir *Prier quinze jours avec Patrice de La Tour du Pin,* Paris, Nouvelle Cité, 1999.

dans cette triple rencontre. La Tour du Pin en a fait les trois grands jeux de l'existence : le jeu de l'homme en lui-même, devant les autres et devant Dieu. Xavier Thévenot, affligé par la maladie de Parkinson, témoigne de ce désir qui est relation, liberté, rencontre, espérance.

> Tu es une personne. Je t'ai créé à mon image, mystère pour toi-même. Ose pénétrer dans les profondeurs de ton être, même si ce n'est pas facile. Tu seras étonné de te découvrir si complexe, si insaisissable, et pourtant tellement traversé par le désir de te comprendre, et de te comprendre encore et encore, que tu seras parfois saisi de vertige. Mais ne crains pas. Je sais de quoi tu es pétri, car Je suis la profondeur de ta profondeur.
>
> Xavier Thévenot,
> *Avance en eau profonde,*
> Paris, Desclée de Brouwer/Cerf, 1997, p. 7.

5. Passer de la surface à la profondeur

L'être humain ressemble un peu à l'océan. Il y a la surface (idées, images, rêves, souvenirs), et le fond (émotions, sentiments, peurs, espoirs). Nos émotions, qui ne sont ni bonnes ni mauvaises, révèlent mieux le fond de notre être que les idées. Elles ne mentent pas, contrairement aux pensées qui peuvent cacher à nous-mêmes et aux autres ce que nous sommes.

Lorsque sonne la quarantaine, l'heure est venue de passer de la surface du besoin à la profondeur du désir, de l'extérieur du « moi » narcissique à l'intérieur du « je » véritable. Ce passage de la tête au cœur est souvent étroit, mais il rend la personne plus vraie, plus authentique, plus transparente, comme une eau pure. Elle laisse tomber les masques, contrairement aux gens qui changent de visage, les essaient, les usent : « Il leur semble qu'ils doivent en avoir pour toujours, mais ils ont à peine atteint la quarantaine que voici déjà le dernier [1]. »

Ce passage de la surface à la profondeur, de l'extérieur vers l'intérieur est bien évoqué par ce témoignage : « J'ai quitté une religion de formules et de pratiques extérieures. C'était pour moi des béquilles. Je voulais marcher par moi-même. J'ai même mis Dieu en quarantaine... Puis autour de quarante ans, j'ai commencé à soupçonner qu'il y avait autre chose en moi, dans ma vie. D'autres choses que le matériel et le psychologique. Le vieux mot de l'âme reprenait du sens. J'ai découvert Dieu en moi. Je devrais plutôt dire que c'est Lui qui est venu me rencontrer au fond de moi [2]. »

Le chemin est long qui mène à l'aspiration profonde de notre être, soit le désir de liberté, d'aimer, de vivre. En prenant ce chemin – ou est-ce le chemin qui nous prend ? –, on se donne le droit d'être, non de paraître. La limpidité est au bout, dans la profondeur du cœur, où Dieu demeure. Ce désir profond se cultive par le regard et l'écoute, en prenant soin de soi-même, des autres et de Dieu qui attend l'offrande de la liberté. Car comment aimer les autres si nous ne nous aimons pas nous-mêmes ? « En commençant par nous-mêmes, en vivant le nécessaire chemin de

1. Bruno Chenu, *La trace d'un visage,* Paris, Centurion, 1992, p. 21.

2. Jacques Grand'Maison, Solange Lefebvre, *Une génération bouc émissaire. Enquête sur les baby-boomers,* Montréal, Fides, 1993, p. 342.

conversion de nos profondeurs, nous découvrons alors que c'est la plus authentique manière d'aider[1]. »

Dans son autobiographie, Jean Guitton cite ce texte de Goethe qui évoque cette soif de profondeur et de limpidité : « Voilà maintenant la moitié de ma vie déjà écoulée. Je suis comme un homme qui vient de se tirer de l'eau. Que Dieu me donne assez de lumière pour que je ne sois pas à moi-même un obstacle ! Que l'idée de limpidité devienne toujours plus vive en moi[2] ! »

> La crise du milieu de la vie bouscule toutes les données de l'existence pour les trier et les ordonner de manière nouvelle. Du point de vue de la foi, c'est Dieu lui-même qui est à l'œuvre... Cette crise est donc aussi le lieu d'une nouvelle rencontre avec Dieu, d'une intense expérience de Dieu. Elle représente une étape décisive sur le cheminement de notre foi, un carrefour où nous décidons d'utiliser Dieu en vue d'enrichir notre vie et de nous réaliser nous-mêmes, ou d'accepter l'abandon confiant à Dieu et de lui remettre notre vie.
>
> Anselm Grün,
> *La crise du milieu de la vie. Une approche spirituelle,*
> Paris, Médiaspaul, 1998, p. 9.

6. Avouer ses peurs

Le chemin qui mène au désir profond est plein d'obstacles, dont le plus grand est certainement la

1. Simone Pacot, *L'évangélisation des profondeurs,* Paris, Cerf, 1997, p. 238.
2. Cité dans Jean Guitton, *Un siècle, une vie,* Paris, Robert Laffont, 1988, p. 257.

peur, signe par excellence de notre fragilité d'être. Nous ne pouvons pas nous abandonner au désir qui fait vivre si nous sommes incapables de surmonter les peurs qui nous paralysent. Qu'avons-nous fait de nos peurs ? Pouvons-nous les accueillir et les assumer dans la confiance ? Elles jaillissent de l'inconscient, comme le désir profond, et s'expriment différemment à la quarantaine : peur d'être inutile, rejeté, abandonné ; peur de vieillir, de souffrir, de mourir ; peur du néant, de Dieu, de l'enfer.

La peur nous guide souvent plus que le désir. Elle indique ce que sera notre prochaine étape de croissance, ce sur quoi il faudra travailler pour grandir. Or, toute peur est presque toujours un manque de confiance. Identifier ses peurs, les avouer à soi-même et à quelqu'un de proche, c'est s'accepter soi-même, sans faux-semblant. Elles peuvent devenir des dons

« La performance et la compétition...

de la vie. Cela demande une grande confiance. Il faut accueillir l'aveu de ses peurs comme quelque chose de sacré. En avouant ce que nous craignons le plus, sans se culpabiliser ou se justifier, nous découvrons ce que nous désirons le plus : la reconnaissance, la réussite, l'admiration, la réalisation de soi, la santé... Cette surabondance d'être s'accomplit dans le désir d'aimer, où la gratuité et la tendresse remplacent la performance et la compétition.

L'Évangile nous révèle l'infini de ce désir, la plénitude de la joie, en montrant que l'amour de Dieu bannit toute crainte et toute peur. François d'Assise, l'homme du retour à l'Évangile, est un bel exemple de cette confiance en l'amour qui conduit à la joie parfaite. Nos peurs deviennent alors des chemins vers le Dieu qui sauve.

...cèdent la place à la gratuité et à la tendresse. »

> Le miracle d'Assise consiste en ceci : la souffrance de l'homme insatisfait vient d'une surabondance d'être, parce qu'il croit follement en l'amour qui sauve. À l'instar de l'enfant prodigue, il accepte d'être vaincu par l'amour en se soumettant, non en possédant, en recevant, non en donnant. Ici, l'amour ne demande qu'à être reçu gratuitement, sans mérite, sans droit, sans vertu, sans honneur, sans pouvoir.
>
> Jacques Gauthier,
> *Le voyage de l'absente,*
> Ripon, Écrits des Hautes-Terres, 1999, p. 21.

7. Prendre le risque d'aimer

Aimer est un verbe d'action. C'est un choix, une décision, un risque qui ouvre la relation à un horizon de désir. Ce risque se traduit par l'engagement, la responsabilité, la solidarité. On devient le gardien de sa relation avec l'autre. Le *Petit Prince* de Saint-Exupéry exprime bien cette responsabilité que nous avons envers ceux et celles que nous apprivoisons.

L'amour durable relève plus de la volonté que du sentiment. Or, il y a une crise de la durée au mitan de la vie qui se répercute sur notre façon d'aimer. Le romantisme et le rêve de fusion ne tiennent plus devant le réel quotidien. C'est le temps de prendre à nouveau le risque d'aimer dans le respect de l'autonomie de l'autre. Dans le couple, par exemple, chaque conjoint est appelé à vivre l'amour-altérité et à dire : Je veux t'aimer parce que tu es toi, autre que moi. Je prends le risque de te garder dans l'amour en respectant la distance qu'il y a entre nous. Je désire t'aimer dans ta différence.

Pour prendre le risque d'aimer, il faut s'aimer soi-même. Tant de voix à l'intérieur et à l'extérieur disent que nous ne valons rien, que nous ne sommes pas aimables. Jésus nous redit autre chose, à sa manière :

« Je veux lever en toi tous les obstacles qui t'empêchent d'aimer. Sache que tu es aimable et que tu as de la valeur à mes yeux. Je t'aime tel que tu es. Accueille cet amour qui te précède toujours. N'entends-tu pas ton Père, notre Père, te dire ce qu'il me disait lors de mon baptême : “ Tu es mon fils bien-aimé, tu as tout mon amour. ” Prends ta joie dans l'amour donné du Père. Reçois-le simplement comme un enfant. Tu n'as pas besoin de me prouver ton amour en faisant quelque chose de spectaculaire, en étant populaire, riche, puissant. Non. Laisse-toi aimer par moi et tu prendras le risque d'aimer. Deviens ce que tu es, c'est-à-dire mon bien-aimé que j'ai choisi librement pour qu'au milieu de ta vie tu prennes le risque d'aimer. »

Jésus connaît notre désir de vie. Il est le maître du désir qu'il libère, déplie, par-delà les peurs. Il risque l'amour en se donnant lui-même dans un morceau de pain lors du repas pascal. Son désir de communion est infini : « J'ai ardemment désiré manger cette pâque avec vous avant de souffrir » (Lc 22, 14).

L'évangile de Jean nous montre que ce Jésus, le Verbe fait chair, Dieu fait homme, vient combler le désir humain en nous faisant participer à sa vie divine, cette vie d'amour et d'alliance. Cela ne se mérite pas, ni ne se gagne ; ça se reçoit. Plus nous accueillons personnellement cette compassion de Dieu dans notre vie désirante, plus nous devenons amour, don, vie. Le risque d'aimer, c'est Dieu qui le prend avec chacun de nous. Nous commençons alors à vivre vraiment, puisque la mort n'est plus un obstacle. L'amour du Père en son Fils défait le nœud par lequel chacun est noué à la mort. Cette phrase des Pères de l'Église prend ici tout son sens : « Dieu s'est fait homme afin que l'homme devienne dieu. »

> Le « Verbe fait chair » est le mystère d'une rencontre : celle de la vie transcendante de Dieu avec la vie désirante de l'homme. L'évangile de Jean est tout entier le récit de cette rencontre où se révèle la gloire des commencements. La vie transcendante de Dieu se manifeste ici comme une vie débordante, comme une communication royale, toute gratuite ; et la vie désirante de l'homme apparaît, dans son élan originel, tout orientée vers cette plénitude divine.
>
> Éloi Leclerc,
> *Le maître du désir,*
> Paris, Desclée de Brouwer, 1997, pp. 151-152.

8. Écrire son énoncé de mission personnelle

Nous avons toujours la liberté de choisir d'aimer, c'est-à-dire de donner, de recevoir, de servir. N'est-ce pas la meilleure façon de traverser la crise de la quarantaine ! Il ne s'agit pas tellement de faire des efforts pour aimer que de croire à l'amour et d'en faire le lieu conscient de son désir. Il n'y a rien de facile dans cette démarche. Le poète québécois Gilles Vigneault a bien raison de chanter « Qu'il est difficile d'aimer ! » Pourtant, la foi en l'amour permet au désir de se déployer.

C'est ce désir d'être, de vivre, d'aimer, qui peut changer notre vision du réel.

Nous voyons le monde de la façon dont nous avons été conditionnés depuis l'enfance. Notre comportement découle de cette façon de voir les choses. Ce que nous pouvons changer dans le monde, c'est nous-mêmes. Or, tout change au milieu de la vie ; nos attitudes, nos comportements, nos valeurs. Cette porte du changement ne peut être ouverte que de l'intérieur. Comment ?

Je pense à quatre voies principales, parmi d'autres, qui permettent la découverte de notre désir profond : écrire son énoncé de mission où nous révélons notre objectif de vie, partir d'une expérience marquante de notre vie et l'exprimer d'une manière créatrice, passer des tests psychologiques au moyen de méthodes projectives ou associatives, explorer le monde de nos images mentales symboliques par des imageries ou des visualisations.

Nous n'explorerons pas ici cette intéressante voie de l'imagerie, route de l'inconscient, qui, selon son concepteur Robert Désoille, est un rêve éveillé dirigé[1]. Disons simplement qu'à partir de suggestions, des associations sont faites entre le symbole qui surgit spontanément de l'inconscient et la conscience que la personne a de son vécu. Un dialogue « je-tu » s'élabore ainsi entre le conscient et l'inconscient. C'est la force du symbole de réunir, de mettre ensemble, de créer des ponts. L'imagerie ou la visualisation aide la personne à accueillir son désir fondamental qui lui est révélé par des images symboliques. Par leur charge émotionnelle, ces images ont le pouvoir de transformer la personne. « Chaque image mentale tend à susciter les émotions [désir/peur, goût/dégoût] et à

1. Robert Désoille, *Entretiens sur le rêve éveillé dirigé en psychothérapie,* Paris, Payot, 1973.

produire des conditions physiques et les actions extérieures correspondantes [1]. »

L'objectif de notre vie, la motivation fondamentale qui nous fait agir, le désir qui fait vivre, se révèlent par l'énoncé de mission personnelle. C'est la lentille à travers laquelle nous voyons le monde autrement. Si les images symboliques peuvent nous aider à découvrir qui nous sommes et qui nous voudrions être, ces questions peuvent nous guider dans l'élaboration de notre énoncé de mission :

« Quelle est la finalité de ma vie ? Quelle est ma vocation profonde ? Comment je vois mes différents rôles ? Comment j'aimerais que les autres parlent de moi après ma mort ? Quelles sont mes émotions ? Quelle est ma liste de priorités ? Qu'est-ce qui me motive ? Qu'est-ce que je veux être ? Quelles sont les valeurs qui me guident ? Quel est mon désir ? »

Voici un exemple d'énoncé de mission que j'ai composé alors que j'avais quarante-deux ans.

Énoncé de mission personnelle

À tous ceux qui partagent ma vie, je promets de vous aimer. À tous ceux qui ont besoin de moi, en tant qu'époux, père, écrivain, professeur, je choisis de vous aimer. Pour cela, je m'engage à vous servir et à vous offrir tout mon soutien. Avec l'aide de l'amour de Dieu, révélé en Jésus-Christ, je m'engage à vous accompagner dans votre quête de sens, de beauté, d'excellence, pour un meilleur bien-être et une plus

1. Roberto Assagioli, *Psychosynthèse, principes et techniques*, Paris, Desclée de Brouwer, 1991, p. 135.

grande liberté. Je promets d'être vrai et intègre dans la poursuite de mon désir profond autant que du vôtre. Chaque action que je ferai, chaque geste que je poserai, seront en accord avec ce désir qu'est l'amour, ma vocation au cœur du monde. Je poursuivrai cet objectif de vie avec passion, enthousiasme, ténacité, sachant que plus je grandirai, plus l'amour grandira en moi et en vous. Je n'accomplirai pas totalement cette mission, puisque je suis en croissance. Mais je serai toujours à sa conquête, telle est ma quête de « l'inaccessible étoile ». Ainsi, je deviendrai toujours plus que ce que je suis actuellement. En aimant, j'apprendrai aussi à croire et à espérer, bref à vivre, pour moi-même, pour vous qui m'êtes confiés, pour Dieu qui est Amour et qui rêve de mon bonheur comme du vôtre.

9. Intégrer le côté mal aimé de soi

Partir à la découverte de son désir, c'est intégrer ses blessures psychologiques, son ombre, qui est le côté mal aimé de soi. L'occasion est belle à la quarantaine d'affronter cette ombre, de plonger à l'intérieur de soi-même pour changer ce qu'il y a à changer. On découvre alors le potentiel qui est enfoui dans son ombre et qui ne demande qu'à être libéré pour un plein développement psychologique et spirituel. Ainsi, la dépression au mitan de la vie est un signal qui révèle qu'un changement s'impose. La personne est invitée à ne plus s'identifier à des normes extérieures, à ne plus occulter son ombre pour satisfaire un moi idéal et culpabilisateur.

S'inspirant de Jung, Jean Monbourquette définit l'ombre par « tout ce que nous avons refoulé dans l'inconscient par crainte d'être rejetés par les personnes qui ont joué un rôle déterminant dans notre éducation [1] ». Ce que l'on perçoit comme un ennemi en soi peut devenir un allié durant ce passage de la quarantaine puisqu'il permet la connaissance de soi. C'est comme un trésor qui est inexploré et inexploité. Encore ici, c'est la peur qui empêche le plein épanouissement et l'intégration de son ombre : peur de ne pas être aimé et reconnu, peur de faire rire de soi et d'avoir honte, peur de ne pas être à la hauteur de la situation et de ne pas réussir, peur de déranger et de s'affirmer, peur d'être exclu et isolé.

Les manifestations de colère, de dépression, de vengeance, de perversions sexuelles indiquent qu'une partie de soi est restée dans l'ombre. Reconnaître son ombre, c'est récupérer des parties de soi refoulées, donc mal aimées. Il faut beaucoup d'humilité pour accepter son ombre, car on ne peut changer que ce que l'on a d'abord accepté.

Thérèse de Lisieux a bien compris cette loi psychologique lorsqu'elle écrivait qu'il fallait supporter avec douceur ses imperfections et se réjouir de ses faiblesses. On grandit ainsi en petitesse, dans la vérité de son être, en s'accueillant tel que l'on est. N'est-ce pas ce que Jésus a enseigné ! La personne au mitan de sa vie peut être ce plus petit des frères que Jésus nous exhorte à aimer, ou celui qui est assis à la dernière place et que l'on invite à monter plus haut : « Car quiconque s'élève sera abaissé, et celui qui s'abaisse sera élevé » (Lc 14, 11). Ainsi, comme le chante Céline Dion, sur des paroles de Jean-Jacques Goldman,

> les derniers seront les premiers dans l'autre réalité
> Nous serons princes d'éternité.

---

1. Jean Monbourquette, *Apprivoiser son ombre*, Montréal, Novalis, 1997, p. 11.

> Le mitan de la vie, parce qu'il est un autre tournant existentiel, nécessite une confrontation avec son ombre. C'est le moment de ce qu'on appelle, à juste titre, le « démon de midi ». À cet âge, on s'est départi de sa naïveté et des illusions de sa jeunesse... Au mitan de la vie, la rencontre avec la partie de soi-même réprimée sous la pression de son milieu s'avère inévitable. Ainsi, l'homme qui aura jusque-là ignoré son côté féminin devra l'assumer, tandis que la femme qui aura occulté ses traits masculins devra se réconcilier avec eux.
>
> Jean Monbourquette,
> *Apprivoiser son ombre,*
> Montréal, Novalis, 1997, p. 140.

10. Accueillir le désir de Dieu

L'être humain, surtout au mitan de sa vie, veut être reconnu par l'autre. Son existence trouve son sens dans ce désir de l'autre. Mais qui le reconnaît vraiment sinon l'Autre par excellence, en qui « nous avons le mouvement, la vie et l'être » (Ac 17, 28) ? Le *Catéchisme de l'Église catholique* commence d'ailleurs par montrer que l'homme est « capable » de Dieu : « Le désir de Dieu est inscrit dans le cœur de l'homme, car l'homme est créé par Dieu et pour Dieu » (n° 27). Et le psalmiste de proclamer : « Seigneur, tout mon désir est devant toi » (Ps 37, 10).

Le regretté Michel Quoist, animé par le feu d'une passion pour l'homme et pour Dieu, répondait aux questions d'Élie Maréchal dans un livre au titre évocateur : *Dieu n'a que des désirs.* À la question, « quel est votre désir ? », il déclara : « J'ai toujours eu et j'ai de plus en plus soif de me retirer près du puits de la

Samaritaine, pour demander au Christ : « Donne-moi à boire [1]. » Voilà la rencontre de deux désirs : Dieu, cet amoureux qui brûle de se donner – la Source a soif d'être bue, disait Grégoire de Nysse – et l'être humain, cet autre amoureux qui s'ouvre à ce désir de Dieu en se laissant remplir de tout l'amour qu'il y a dans son cœur. Dieu en Jésus n'est qu'un cœur ouvert qui étreint notre blessure pour la transformer en tendresse. Alors, la personne au mitan de sa vie, peut reprendre en vérité ce cri de saint Augustin : « Tu nous as faits pour toi, Seigneur, et notre cœur est sans repos jusqu'à ce qu'il repose en toi. »

Le Christ rejoint l'être humain au plus profond de son désir. Contrairement à d'autres sagesses, comme le bouddhisme, où l'on tente d'abolir le désir parce qu'on le voit comme l'origine de la souffrance, le christianisme plonge au cœur de ce désir en y voyant l'élan originel de Dieu qui se manifeste par le désir qu'il y a en l'homme de vivre et d'aimer. Ce désir de plénitude de vie est infini, car il vient du désir même de Dieu de se donner, d'aimer éternellement. Si parfois nous aimons Dieu pour combler un vide intérieur, Dieu nous aime toujours pour nous partager sa plénitude.

Alors que les uns proposent l'extinction du désir, les autres en font une voie de salut. Mais tous ne se rejoignent-ils pas dans ce désir profond qui est une impulsion de nous libérer de nous-mêmes, de nous affranchir de nos peurs ? Les moyens pour arriver à cette libération diffèrent. En Jésus ressuscité, ce salut est possible pour tous. Sa mission est « d'apporter à l'homme cette plénitude de vie à laquelle il est destiné

1. Michel Quoist, *Dieu n'a que des désirs,* Paris, Éditions de l'Atelier/Éditions Ouvrières, 1994, p. 30.

depuis toujours [1] ». Il nous partage ainsi sa vie divine : « Ce qui fut en lui était la vie, et la vie était la lumière des hommes » (Jn 1, 4). On revêt le Christ, comme le vêtement lumineux de notre désir d'éternité. La vie éternelle commence ainsi dans notre aujourd'hui [2].

La crise du désir au mitan de la vie peut prendre quatre issues. La mise au rancart du désir par des adultes aigris qui sont prisonniers de leur passé décevant. L'emballement du désir qui est une sorte de dispersion fiévreuse où on se lance dans des projets et des relations qui nous éparpillent et nous font oublier notre finitude. La domestication du désir où l'idéal a disparu et où des adultes pragmatiques ne rêvent plus. Enfin, la conversion du désir où nous sommes conduits par l'Esprit Saint à l'abandon, au décentrement de soi, à l'humilité, à la reconnaissance de la gratuité du désir de Dieu, si désarmé et si près de nous en son Fils. Nous communions à ce Jésus, « maître du désir » qui dans sa mort et sa résurrection, nous révèle son mystère le plus intime : « désir de révéler la compassion de Dieu, désir donc d'incarner le désir inquiet de Dieu de soulager la misère des humains et de partager avec tous son bonheur [3]. »

Cette voie du désir se prolonge dans une spiritualité qui prend assise dans ce qu'il y a de fondamental en nous, le désir même. Elle s'inspire de la vie de Jésus qui se met en tenue de service pour nous laver les pieds, transformant ainsi le pouvoir en service. Servir les autres, les aimer en nous donnant, n'est-ce pas la

1. Éloi Leclerc, *Le maître du désir,* Paris, Desclée de Brouwer, 1997, p. 119.
2. Lire ma méditation biblique sur l'espérance, où je partage ma foi en cette vie éternelle qui est commencée maintenant : *Pèlerin en terre d'exil,* Anne Sigier, 1999.
3. Benoît Garceau, *La voie du désir,* Montréal, Médiaspaul, 1997, p. 99.

meilleure façon de passer la crise de la quarantaine ? Nous faisons alors de notre vie une œuvre d'amour. Nous réalisons le grand rêve de Jésus : nous aimer les uns les autres en créant la communion et en bâtissant l'humanité nouvelle. Comme l'exprime si bien La Tour du Pin, dans les derniers vers de l'hymne *Lumière du monde, ô Jésus :*

> « Nous devons faire ce qu'il aime
> Pour témoigner qu'il est amour [1]. »

> C'est du manque que naît le désir, moteur essentiel qui propulse notre espérance, notre dynamisme. Nous désirons parce que nous n'avons pas, parce que nous ne sommes pas comblés. Là, Dieu et Désir se confondent : Dieu insaisissable anime notre cheminement. Sans l'inaccessible du désir, nous resterions soumis au besoin.
>
> Oser le désir, c'est accepter la traversée du désert, la perte de repère, les doutes inhérents à ce parcours, mais ce n'est pas dans l'abondance des mots, ni des foules, ni de l'avoir que Dieu se tient. C'est après être passé par une suite de renoncements que les signes de la compréhension seront perceptibles.
>
> Hubert Auque,
> *Renoncer – Un cheminement spirituel,*
> Genève, Labor et Fides, pp. 16 et 75.

1. Voir Jacques Gauthier, *Prier 15 jours avec Patrice de La Tour du Pin,* Paris, Nouvelle Cité, 1999, pp. 27-28.

4

LE COUPLE EN QUARANTAINE

À l'image du développement humain, la vie du couple est faite de saisons, d'étapes de croissance qui sont marquées par des crises. Le stade de la quarantaine est l'un de ces passages importants. Avant d'aborder cette crise du mitan de la vie dans le couple, voyons d'abord comment elle se manifeste différemment chez les femmes et les hommes.

La femme au mitan de la vie

La femme entre généralement dans sa quarantaine avec une préoccupation qui est surtout d'ordre esthétique. Le temps la harcèle. Elle voit son corps qui vieillit, qui suit un peu la loi de la gravité : les seins tombent, elle ne rentre plus dans un jean, elle panique à l'idée d'essayer un maillot de bain, les cheveux gris apparaissent... Elle subit la pression des agences publicitaires qui imposent leurs critères de beauté. Il s'agit de feuilleter les revues de mode pour s'apercevoir que les modèles sont jeunes, maigres, grandes et belles, ce qui correspond à 2 % de la réalité. Il y a ici un culte exagéré du corps qui relève des stéréotypes. Les femmes à la quarantaine ne s'y reconnaissent plus. L'apparence, la séduction, l'avoir priment alors sur la maturité, l'acceptation de soi, l'être.

Nicole Levac, quarante-deux ans, célibataire sans enfant témoigne : « À 20 ans, j'étais un " caméléon " qui voulait seulement ressembler aux autres ; je voulais devenir. À 30 ans, j'ai tout fait pour réussir jusqu'à l'étourdissement : je voulais avoir. À 40 ans, j'ai appris à m'accepter : je veux être[1]. »

La femme mariée qui arrive à la quarantaine dispose normalement de plus de temps pour elle. Les enfants grandissent et les tâches familiales sont réduites. Si elle n'est pas sur le marché du travail, elle tente de se trouver un emploi ou de sortir de la maison. Si elle poursuit une carrière depuis plusieurs années, il y a des insatisfactions et des désillusions, comme chez l'homme. Mais alors que celui-ci est surtout préoccupé par un certain déclin sexuel, la femme désire une vie affective et sexuelle plus enrichissante, même si les signes de la pré-ménopause peuvent frapper à la porte : désordres menstruels, bouffées de chaleur, jambes lourdes, sautes d'humeur.

La libido de l'homme atteint un sommet à vingt ans, alors qu'elle est plus intense chez la femme de quarante ans. La femme s'affirme plus devant son conjoint et elle a une meilleure connaissance de son corps. Toutefois, elle a souvent l'impression que son compagnon la trouve moins désirable. La magie d'une nouvelle expérience amoureuse avec un amant plus jeune hante parfois son esprit. C'est comme si elle sentait qu'après il sera trop tard. Elle reconsidère donc les désirs et les options jusqu'alors abandonnés ou négligés, puisque l'âge risque de les rendre irréalisables à brève échéance. Dans son best-seller *Passages,* Gail Sheehy appelle ces années « la décennie de la dernière chance[2] ».

Son défi sera de s'accepter, de se valoriser, d'écouter son désir de vie qui la pousse en avant, d'acquérir

1. Solange Beaulieu interviewe Nicole Levac, « Épanouies à 40 ans », *Femmes plus,* mars 1996, p. 63.

2. Gail Sheehy, *Passages : les crises prévisibles de l'âge adulte,* Paris, Sélect, 1980, p. 33.

une plus grande autonomie en prenant conscience de sa beauté intérieure et de sa personnalité véritable. En s'affirmant, elle exprime la dimension masculine de son être. Elle fait l'apprentissage d'une certaine maîtrise de soi. L'amour dans son couple sera alors à réinventer.

Son conjoint voudra-t-il accéder à la maturité de l'amour ? Se rechoisiront-ils comme couple où le territoire à partager reste toujours à construire et où le projet n'est jamais complètement achevé ? Lorsqu'on sait que le tiers des divorces a lieu entre 10 et 19 ans de mariage, cela demande une bonne dose de volonté de la part du couple aux prises avec le « démon de midi » et des horaires souvent surchargés à combiner. Avez-vous remarqué que ce sont les hommes et les femmes dans la quarantaine qui recherchent le plus l'âme sœur dans le courrier publié des agences de rencontres ?

Pour atteindre sa plénitude au mitan de la vie, l'homme doit souvent renouer avec la paternité, le service aux autres. Mais pour la femme cela est déjà fait. Il y a tant d'années qu'elle se consacre aux autres (mari, enfants, maison, carrière). Elle trouve un nouvel épanouissement en pensant un peu à elle-même : cultiver ses talents, exprimer ses ambitions, approfondir ses convictions. Une créativité nouvelle s'installe. Elle se lance avec plus d'enthousiasme dans les projets qui correspondent à son désir profond de vie. Elle puise l'énergie dans l'expérience de la première moitié de sa vie.

Ces extraits du témoignage de Marie-Sarah résument bien ce passage du mitan de la vie chez la femme. Cette maman de deux enfants trace un bilan du premier volet de sa vie. Elle remet en question ses rôles d'épouse et de mère. À l'instar de beaucoup d'autres femmes, elle cesse de vouloir être ce qu'on attendait d'elle.

Je suis au tout début de cette tranche de vie, y aurais-je donc droit moi aussi à la crise du milieu de la vie ? 41 + 41 font 82, le diagnostic est vite fait, merci docteur, est-ce que ça se soigne ? Oui, madame, mais chaque cas est unique, chaque malade est exceptionnel...

Un sentiment de profonde solitude, un peu semblable à celui qui m'avait envahie au moment de l'adolescence, m'emporte avec la force d'une lame de fond contre laquelle je n'ai même pas envie de lutter. Il m'apparaît soudain que c'est à 35 ans que j'aurais dû chercher un autre travail, non pas que je sois arrivée au top niveau là où je suis, mais, comme dans les autres domaines, j'ai besoin de me renouveler, de me prouver que je peux toujours, que je peux encore...

Mais qu'est-ce qui m'arrive, je ne suis plus heureuse... L'ai-je été ou ne me suis-je simplement jamais posé la question auparavant, faute de temps, de temps à moi, de temps pour moi. À force de donner aux autres, de jouer les parfaites, de vouloir être en règle avec tout et tout le monde, je me réveille complètement vide le jour où je suis moins sollicitée, avec un désir immense de vivre enfin un peu pour moi, et la découverte de ce désir me rend à elle seule presque coupable...

Cette liberté à laquelle j'ai renoncé si facilement, sans même m'en apercevoir, pour jouer à fond un rôle d'épouse et de mère en oubliant celui de femme, sera bien difficile à reconquérir, voire même impossible, sans une grande détermination appuyée d'une volonté de fer. Et à partir de cette prise de conscience, tout va paraître contestable, tout ce qui était vécu jusqu'ici avec docilité et habitude va prendre sa vraie dimension, comme si les situations et les événements, les choses et les gens, prenaient enfin du relief et de la couleur après 40 ans de cinéma muet en noir et blanc...

Je n'ai eu que deux enfants, j'en voulais plus, et ces 41 ans c'est donc aussi pour moi accepter que ce désir d'enfant disparaisse et que se tarisse l'écoulement de sang qui fait de moi une femme à part entière en me rendant chaque mois féconde... Avoir 41 ans c'est accepter aussi d'avoir la bouche moins bien dessinée, les paupières plus fatiguées, les seins moins fermes, les jambes plus lourdes. Femmes ni jeunes ni âgées, ne perdez pas le contact avec votre corps dans ce passage difficile du milieu de votre vie, apprenez, si ce n'est déjà fait, à le regarder, à le soigner, à le connaître, à le toucher, à l'aimer.

Marie-Sarah,
« Mi-temps »,
Accueil-Rencontre, Paris, n° 130, 1989, pp. 19-20.

L'homme au mitan de la vie

Le quadragénaire est également harcelé par le temps, mais de façon autre que la femme. Cela se voit surtout par un décalage entre ce qu'il voudrait faire (l'avenir) et ce qu'il fait réellement (le présent). Cette crise se situe plus au niveau professionnel qu'au niveau de son corps : insécurité face au chômage, changement d'emploi, sentiment d'être dépassé, de ne plus être dans la course. Il met tout en œuvre pour parvenir au sommet avant qu'il ne soit trop tard. C'est sa dernière chance de se distinguer, d'être reconnu par tous.

Contrairement aux femmes qui ont une vision plus globale de la vie, l'homme réussit souvent sa carrière au détriment de sa vie sentimentale, sociale et familiale. L'image sociale qu'il projette ne correspond pas toujours à ce qu'il est profondément. Il le sait mais tente de le nier. C'est souvent à coups d'efforts qu'il veut être authentique.

Charles Taylor a montré dans son maître livre sur la formation de l'identité moderne *Les sources du moi*[1], que cette idée d'authenticité est l'une des grandes spécificités de l'individu moderne occidental. Le sujet moderne personnalise les questions sur le sens de la vie en voulant être fidèle à lui-même, en misant sur son unicité d'être, en voulant être authentique.

L'homme de quarante ans se sent généralement anxieux, déprimé, ignoré. En plus d'avoir de l'inquiétude pour sa santé, il se demande si c'est là tout ce que la vie peut lui offrir. L'idée de la mort lui est de plus en plus présente. Il abandonne les certitudes pour se laisser aller au divertissement. Mais il n'a plus la même résistance ; ses forces physiques diminuent, sa capacité sexuelle baisse, il a besoin de plus de sommeil. La peur de l'impuissance sexuelle l'accable d'une façon inconsciente, d'autant plus que la société « adolescentrique » mise sur la performance et le pouvoir. Il est alors tenté de reconfirmer sa masculinité par des liaisons extraconjugales.

Le quadragénaire va faire comme s'il n'y avait pas de problèmes, comme si la crise n'existait pas, comme si rien ne changeait. Il garde ainsi un certain pouvoir. Il est appuyé en cela par des conventions sociales et une société patriarcale où le non-dit est omniprésent : un homme ne pleure pas, ne dit pas ses sentiments, n'a pas le droit de paraître faible. Pas étonnant que le suicide constitue la première cause de mortalité chez les hommes de quinze à quarante ans au Québec, soit en moyenne trois hommes par jour. La société, en

1. Charles Taylor, *Les sources du moi,* Montréal, Boréal, 1998, 712 p.

manque de repères et de modèles, banalise ce phénomène troublant. « Selon les responsables de l'Association québécoise de suicidologie, un commun dénominateur existe à ces statistiques : la souffrance, que l'homme ne semble pas avoir appris à exprimer. Comportement attribuable à l'idée que l'on a répandue du mâle qui ne pleure pas et qui entend régler seul ses problèmes[1]. »

Comme je l'évoquais au chapitre précédent, l'occasion est belle ici de renouer avec le désir essentiel de son être profond. En découvrant la pauvreté de sa vie intérieure, l'homme s'ouvre à un nouveau souffle, à une vitalité plus humaine. Il devient plus sensible, plus tendre. Il libère la dimension féminine qui était cachée en lui. Sa perception de la réalité change. Il n'accorde plus une importance exagérée à la force, au succès, à l'argent, au sexe, mais s'ouvre plus à la tendresse, à la justice, au respect mutuel, au dévouement sans justification économique. Il trouve le chemin de son cœur qui mène à une autre loi, plus intérieure, que les béatitudes de Jésus résument à merveille : « Heureux les pauvres de cœur, les doux, les affligés, les affamés de justice, les miséricordieux, les cœurs purs, les artisans de paix, les persécutés pour la justice... » (Mt 5. 1-12).

Selon Sheehy, l'homme « éprouve un profond besoin de changement et souhaite remplacer par une certaine tendresse son désir d'avancement ; son être intime et ses aspirations profondes semblent vouloir émerger[2] ». D'autant plus que, normalement, il n'est plus soumis à la tâche d'apprendre un métier, ce qui

1. Clément Trudel, *« Le suicide, une hécatombe »*, Le Devoir, 15 février 1999, p. A 3.

2. Gail Sheehy, *Passages : les crises prévisibles de l'âge adulte*, Paris, Sélect, 1980, pp. 34-35.

lui permet de faire connaissance avec son univers intérieur. Il ne se prend plus trop au sérieux, tout en faisant les choses sérieusement. Mais il est aux prises avec trois problèmes à la fois : « Il manifeste ses émotions au moment où sa femme s'éloigne de lui. Il essaie d'atteindre ses enfants au moment où ils le rejettent. Il cherche désespérément un moyen d'exprimer son inventivité au moment même où sa carrière enfin dessinée le condamne à une répétition stérile [1]. »

Il relèvera ces défis s'il recherche avec son épouse et ses enfants un espace de liberté où l'échange se vit dans la réciprocité. Il est à l'âge du désir d'aimer, en accord avec son être profond, sans vouloir contrôler ce qui est extérieur à lui. Il est appelé à lâcher prise, à s'abandonner, dans la fidélité à ce qu'il est et non à ce que les autres voudraient qu'il soit. La sagesse et le plaisir de vivre sont à ce prix. D'ailleurs, il ne supporte plus ceux qui disent le contraire de ce qu'ils sentent, de ce qu'ils vivent.

N'oublions pas que cette période du mitan de la vie est une période de transition. Elle est prévisible, temporaire et gage d'un bonheur à venir. Les femmes et les hommes peuvent réagir de trois façons. Soit on refuse les signes, ainsi on joue à paraître jeune, soit on les subit, alors on déprime, soit on les accepte en vivant son âge d'une façon positive, ainsi on se prend en main et on devient vraiment soi-même. Le couple au mitan de sa vie renaît alors de ses propres cendres et fait une œuvre d'amour.

1. *Ibid.*, p. 257.

Les étapes de la vie du couple

Les premiers mois de la vie à deux sont souvent une lune de miel qui ne finit pas. C'est le temps de la romance. Les partenaires s'investissent à fond dans leur relation, tout en craignant la dualité. « Comment être libres, ensemble ? » Ils apprennent à vivre à deux, à définir les rôles, à partager les tâches, à répondre aux besoins de l'autre, non sans difficultés. Les illusions s'envolent à mesure que les tempéraments et les caractères s'affrontent. La réalité ne concorde pas avec le rêve du début. La fusion mène à la confusion. Commence alors la lutte pour le pouvoir. « Est-ce que tu m'aimes ? »

Cette deuxième étape est une tentative de « défusionnement ». Le couple vit une première crise d'identité. Le défi est de passer à l'intimité en respectant les différences, de devenir parents en demeurant un couple. On négocie, on blâme l'autre, quelquefois on le manipule, on le rabaisse, souvent parce qu'il n'a pas les mêmes goûts que soi, qu'il n'a pas la même façon d'éduquer l'enfant. C'est la lutte pour le pouvoir. C'est une période d'ajustement où on apprend à aimer l'autre pour ce qu'il est. Cette crise d'identité en est une d'altérité où l'autre n'est pas respecté en tant qu'autre. Cette différence doit être valorisée, assumée, aimée.

Puis arrive la quarantaine, l'étape de l'acceptation de la différence et de la « cocréation ». Mais pour y parvenir, chaque partenaire est invité à rechoisir l'autre, à reconnaître ses propres besoins de dépendance et d'indépendance, à développer la tendresse, l'accueil, le pardon. Chacun peut alors découvrir les richesses de l'autre. L'égoïsme et la jalousie sont mis en échec. On respecte de plus en plus le territoire du partenaire. La passion cède la place à l'attachement pour l'autre. C'est l'étape de la réconciliation profonde. Les conjoints peuvent être solitaires tout en étant solidaires. La relation se construit en accord avec ce qu'ils sont. Les pertes sont alors transformées en gains.

> Chacun est moins centré sur son moi. On fait davantage la place aux autres, à des projets sociaux. On sent le besoin de donner, de se dévouer, sans rien attendre en retour. L'amour du couple devient plus créateur. Les couples cocréateurs engendrent les autres à la vie par leurs exemples, par leurs paroles, par leur manière d'être. Ce couple est disponible à ses enfants. Leur rôle de parents est revalorisé par cet amour profond qui vient de leur « nous », c'est-à-dire de la qualité du « je » et du « tu » formant un « nous » en santé. L'autre est reçu comme un cadeau, comme un don. On le respecte, non parce qu'il est parfait, mais parce qu'il est autre, parce qu'il est lui ou elle, unique et irremplaçable.
>
> Jacques Gauthier,
> *Les défis du jeune couple,*
> Paris, Le Sarment-Fayard, 1996, p. 49.

Les conjoints recentrent leurs besoins intimes, mêmes s'ils ont la redoutable tâche d'accompagner leurs enfants, souvent devenus adolescents, sur la route de l'autonomie. Ce n'est plus le temps de tout prendre, de ne rien dire, de ne pas intervenir, de se laisser porter par les événements. C'est l'heure de vivre autrement, de décider d'aimer, d'écouter ce désir essentiel qui appelle au voyage intérieur de la connaissance de soi, des autres, du monde, de Dieu. C'est l'étape de la « cocréation » en couple, sans cesse à refaire, surtout lorsque le foyer se videra et que l'heure de la retraite sonnera. La conscience de ce couple s'ouvre à un désir plus grand que lui, l'amour de Dieu.

Ces étapes du couple relèvent d'un idéal de vie. La réalité est parfois bien différente. Il y a autant d'histoires qu'il y a de couples. On se marie plus tard. Il n'est pas rare de voir des couples désirer avoir leur premier enfant à quarante ans. Il n'en demeure pas moins que la crise inévitable au mitan de la vie peut être pour le couple un lieu de croissance ou une occasion de rupture. Personne ne peut vivre à la place de l'autre cette étape de transition. D'autant plus que chacun ne peut pas être tout pour l'autre. Lui ou elle est un être mortel, manquant, fini. Il ou elle ne peut pas rendre l'autre pleinement heureux. Dieu seul peut vraiment combler le désir de l'autre.

Mais comment vivre à deux alors qu'on se sent parfois si seul ? Comment rebâtir la maison de son couple alors qu'elle semble tomber en ruine et que tant d'autres couples se séparent ? D'abord, réévaluer son passé et réviser la dynamique de son couple en fonction du temps qui reste : « Pourquoi vivre ensemble ? » Puis, réajuster son travail, son rêve, ses relations, ses comportements, ses engagements, en lien avec le désir d'aimer : « Comment être bien ensemble ? » Finalement, intégrer ses polarités personnelles pour une plus grande authenticité de vie : jeunesse-vieillesse, destruction-création, ego-ombre, sensation-intuition, masculin-féminin, attachement-séparation, humain-divin : « Qu'est-ce qui nous intéresse le plus dans la vie ? »

Le démon de midi

L'expression « démon de midi » est souvent associée au quadragénaire qui, ensorcelé par de belles jouvencelles, se prouve à lui-même qu'il est encore puissant sexuellement. Cela existe aussi pour la femme qui veut sortir de l'antichambre de la vieillesse en ayant des liaisons avec des hommes plus jeunes. Cette compréhension de ce fameux « démon de midi » est bien réductrice.

> Il s'agit d'une véritable force de changement qui vient désinstaller sinon carrément perturber la vie. Elle jaillit de la rencontre de deux cycles de développement : celui d'une part d'individus uniques – époux, épouse, enfant – avec ce que chacun vit de façon inédite, confronté aux lois de sa propre croissance, et d'autre part le cycle d'une communauté créée par le mariage qui obéit inévitablement à ses propres lois. L'interaction des deux cycles provoque une remise en question et un ébranlement susceptible, à la limite, de se solder par la dislocation du système, comme elle peut aussi marquer un nouveau départ.
>
> Claude Michaud,
> *Les saisons de la vie,*
> Montréal, Méridien, 1991, pp. 194-195.

La fièvre du démon de midi est plus existentielle que sexuelle. Elle trouve son fondement dans la force de changement qui touche les quadragénaires. Les rôles et les stéréotypes s'estompent au moment où les hommes et les femmes expérimentent des modifications en eux-mêmes et dans leurs familles. On consolide sa carrière ou on cherche un nouvel emploi. On se demande si on va finir avec cette femme-là ou cet homme-là. Chacun éprouve une certaine absence face à lui-même. Il est donc plus difficile de comprendre ce que l'autre vit. De plus, cette crise arrive souvent lorsque les enfants sont devenus adolescents, et que les conjoints sont bien essoufflés. Il y a aussi la responsabilité envers ses parents âgés et la conscience de son propre vieillissement et de sa mort, d'où un vague sentiment de l'absurdité de la vie.

Il est intéressant de remarquer que dans l'Antiquité, le « démon » représentait une divinité, bonne ou mauvaise, qui guidait l'humain vers sa destinée. L'expression « démon de midi » semble venir du milieu monastique chrétien qui en parlait sous le terme d'« acédie ». Bien connue des Pères du désert dès le quatrième siècle, l'acédie était vue comme une sorte de dépression religieuse qui se manifestait par « le dégoût des biens spirituels, et de toutes les activités qui leur sont ordonnées [1] ». Cette mélancolie, qui ressemble un peu au *spleen* de Baudelaire, était accompagnée par « la lassitude du cœur, l'abattement de l'esprit, la tristesse et le découragement [2] ». N'est-ce pas ce *blues* de l'âme, ce vide social grandissant, cette perte du goût, qu'expérimentent plusieurs de nos contemporains ? Que de gens, plus ou moins jeunes, ne ressentent pas de plaisir à vivre ! C'est comme si le temps passait sans eux.

C'est Jean Cassien (v.360-v.435) qui aurait baptisé l'acédie de « démon de midi », parce qu'elle avait tendance à frapper les anachorètes au milieu du jour, alors que « le soleil était à son zénith [3] ». Le moine Jean Climaque (v.579-v.649) décrit les symptômes de l'acédie dans son traité de vie ascétique *L'Échelle*

1. Claude Flipo, « L'acédie dans la tradition spirituelle. Une maladie de l'âme », *Christus* n° 157, janvier 1993, p. 54.
2. *Ibid.*, p. 51.
3. Nicole Jeammet, « Le plaisir d'être insatisfait. Analyse psychologique de la morosité », *Christus* n° 157, janvier 1993, p. 44.

Sainte[1] : fatigue, ennui, cafard, insatisfaction, instabilité, amertume, insomnie, activisme. Il montre que c'est à l'heure de midi que l'acédie devient omniprésente. Elle est reconnue comme le « démon de midi » au psaume 90 :

> Tu ne craindras ni les terreurs de la nuit,
> ni la flèche qui vole de jour,
> ni la peste qui marche en la ténèbre,
> ni le fléau qui dévaste à midi.

Le pas est vite franchi de passer du démon de midi au mitan de la vie. Ces descriptions n'éclairent-elles pas les problèmes de notre siècle ? « L'acédie prend la forme d'un sentiment souvent obscur et confus d'insatisfaction, de dégoût, d'ennui et de lassitude vis-à-vis d'eux-mêmes [les moines], de l'existence, de leur entourage, du lieu où ils résident, de leur travail ou même de n'importe quelle activité[2]. » Cette forme de dépression fait partie de la crise de désir vue au chapitre deux.

Paul Claudel illustre cette crise en écrivant à trente-huit ans sa pièce *Partage de midi*. Alors qu'il traverse une grande crise morale, il édifie son drame sur le pont d'un paquebot, où quatre jeunes gens se retrouvent sous le ciel de midi dans une sorte de huis clos qui durera quarante jours. Un double thème se joue : l'adultère, la lutte entre la vocation religieuse et l'appel de la chair. Claudel écrit dans sa préface : « Rien de plus banal, mais aussi rien de plus antique, et j'oserai presque dire, dans un certain sens rien de plus sacré[3]. »

---

1. Jean Climaque, *L'Échelle Sainte*, coll. « Spiritualité orientale », n° 24, Abbaye de Bellefontaine, 1978.
2. Jean-Claude Larchet, *Thérapeutique des maladies mentales*, Paris, Cerf, 1992, p. 113.
3. Paul Claudel, *Partage de midi*, Paris, Le livre de poche, n° 1508, 1965, p. 7.

Peut-on dire que ces couples dans la quarantaine ressentent cette acédie ou démon de midi ? Bien sûr. Cela se manifeste pour plusieurs par une remise en question des valeurs conjugales (fidélité, respect, confiance, tendresse, pardon), une perte de vue du projet commun (on pense au divorce), un éparpillement dans de nouvelles aventures (besoin de se prouver sa capacité de séduire), une envie de sortir du rôle dans lequel on est enfermé (recherche d'intimité), une fuite de la réalité dans les fantasmes et le rêve (on joue à l'adolescent), un désir de vivre avant de mourir (renaître à soi-même). Au lieu d'approfondir avec soi-même et son partenaire ce sens de la vie qui fait défaut, on s'évade à l'extérieur et on veut tout laisser tomber. Pascal ne disait-il pas que tout le malheur des humains vient du fait qu'ils sont incapables de rester en repos dans une chambre ?

Aucun couple n'accède à la maturité de son amour sans efforts, crises, souffrances. Aucun ne peut redé-

Une remise en question des valeurs conjugales...

couvrir la satisfaction d'être ensemble sans traverser une période plus critique qui arrive normalement entre trente-cinq et quarante-cinq ans. Tout est soumis au feu de l'autre : émotions, peurs, forces, faiblesses. Mais rencontrer l'autre tel qu'il est exige un véritable changement intérieur. Il ne faut pas avoir peur du changement lorsqu'on a décidé de s'aimer dans un projet qui implique la durée et qui intègre la tolérance. On respecte ainsi le mystère de l'autre en reconnaissant le secret qui l'habite. N'est-ce pas la meilleure façon d'apprivoiser tendrement ce démon de midi ? La prière, l'humilité, le travail créateur, la lecture spirituelle, l'attention amoureuse sont autant de remèdes pour sortir de cette crise de l'âme.

Un couple au midi de sa relation

Sylvain a quarante-deux ans, soit trois ans de plus que Sandra. Ils sont mariés depuis dix-sept ans et ont trois enfants. Ils s'entendent assez bien, mais depuis quelque temps ils se sont un peu éloignés l'un de l'autre. Sylvain ne se reconnaît plus. Il est impatient avec les enfants et ne se sent pas comblé sexuellement par Sandra. Une grande disparité existe entre ses rêves et ce que sa femme attend de la vie. Il est tenté par d'autres femmes, mais il aime la sécurité que lui apporte son épouse. Il aimerait fuir dans le plaisir, d'autant plus qu'il sent un réveil brutal de ses instincts et qu'il est moins timide qu'il pouvait l'être à vingt ans, mais il ne veut pas peiner Sandra. Il se sent seul et vulnérable, dépendant envers sa conjointe comme l'est un garçon envers sa mère. Il a besoin de cette image maternelle sécurisante qui en même temps l'emprisonne.

Sandra est une femme pratique. C'est elle qui s'occupe du foyer. Elle est attachée à Sylvain et aux enfants. Toutefois, elle se sent plus dépressive depuis quelques mois et n'a pas beaucoup d'intimité avec son époux. Leur relation s'enlise de plus en plus dans la routine. Elle voudrait s'affirmer à l'extérieur de la maison, mettre un peu de piquant dans sa vie, mais quoi faire ? Son emploi à mi-temps ne la comble pas. Elle est fatiguée d'être une mère pour tout le monde. Lorsqu'elle s'affirme devant Sylvain, celui-ci résiste en voulant la contrôler. Elle aimerait tant être appréciée pour ce qu'elle fait. Il y a un décalage entre ce que son mari peut donner et ce qu'elle désire. Elle prend l'initiative d'écrire ses pensées sur un bout de papier qu'elle remet à son mari.

> « J'espère que je vais trouver les mots qui sauront exprimer mes sentiments sans que je puisse te blesser. T'écrire m'est plus facile, car ma pensée est plus claire. Je risque moins de me laisser emporter et de perdre le contrôle. Accueille ma démarche comme un don qui vient du plus profond de mon désir. Je le fais pour notre bien mais aussi pour le mien, car j'ai droit au bonheur et au respect de mon être.
>
> « Depuis quelques semaines, je trouve cela difficile de vivre avec toi. J'ai de la misère à communiquer et à me sentir en confiance. Je me sens agressée par ton langage critique, dominée par une force qui veut tout diriger en ne tenant pas compte de ma volonté. Il y a chez toi une tendance marquée à trouver plus facilement des défauts, des faiblesses que les qualités et les forces qui doivent aussi m'habiter. J'ai droit à l'erreur. Je suis triste et seule. Les enfants ne peuvent pas comprendre. J'aimerais que tu réflé-

chisses sur ce qui te pousse à agir ainsi et que tu fasses des efforts pour m'apporter de la douceur, de la tendresse, des bonnes paroles de vie.

« Je ne sais pas si c'est la quarantaine, mais je me sens comme une vieille chenille qui se débarrasse de son enveloppe. Je souffre de ce changement. Je doute de moi-même, de ma valeur. J'aimerais tant être seule et en même temps je voudrais que tu prennes soin de moi. C'est à mon tour d'être dorlotée, bercée, de t'entendre dire que tu m'aimes. L'usure va peut-être avoir raison de mon affection pour toi. C'est difficile pour moi de te dire ces choses car je me demande si tu vas les comprendre.

« Aime-moi mieux. C'est un cri du cœur que je te lance, un avertissement sur la fragilité de notre relation. Par contre, je sais que Dieu ne m'abandonne pas. Il est mon rocher, mon soutien. Je lui parle souvent en marchant, en faisant de l'exercice, en cuisinant. J'aimerais en faire autant avec toi.

« J'aimerais te partager ma solitude. Je n'éprouve pas le besoin d'être avec d'autres hommes. Je n'ai pas de grand désir sexuel. Je doute de ma capacité à bien me faire comprendre. Parfois, ton assurance m'écrase. J'ai perdu ma spontanéité. Je ne me reconnais plus. À qui la faute ? Je me demande pourquoi je vis, tout est si superficiel. Est-ce cela la crise de la quarantaine ? J'attends une réponse de ta part. »

À la lecture de cette lettre, Sylvain est bouleversé. Il ne se doutait pas que sa compagne puisse souffrir de son désintéressement. Pourtant, il lui semblait qu'il n'était pas indifférent à ce qu'elle vivait. Il regarde au fond de lui et constate des sentiments de vide, de petitesse, d'impuissance. Il veut rétablir la communication avec Sandra, mais il prend conscience qu'il aimerait mieux se taire, fuir, comme lorsqu'il était enfant. Il lui achète un livre sur les différents défis dans la vie de couple et lui écrit ce message à l'intérieur :

> « Mon amour. Je veux continuer à t'aimer. Je ne savais pas que tu souffrais tant. Je veux te faire plaisir. Je vais faire des efforts pour te parler plus doucement, te dire des compliments, te sourire plus souvent, t'emmener au restaurant, passer plus de temps ensemble, au lit ou ailleurs. Je t'aime pour ce que tu es et j'aime beaucoup ce que tu fais.
>
> « Je sais que je ne te dis pas assez ce que tu vaux pour moi. Je ne suis pas assez romantique. Je vais écrire concrètement ce que tu fais de bien, et je suis sincère : les repas (surtout les pâtes), l'amour (au lit ou ailleurs), l'écriture (tu as une belle main), les enfants (tu t'en occupes vraiment bien). De plus, tu es presque toujours de bonne humeur et ta façon de répondre au téléphone est joyeuse. J'apprécie ta fidélité et la confiance que tu me portes en me laissant libre. Je suis heureux de vivre avec toi. Je voulais que tu le saches. »

Cette note fait beaucoup de bien à Sandra. Elle y voit l'espoir d'un nouveau départ. De son côté, Sylvain trouve sa joie à rechoisir son épouse, à vouloir son bonheur. Il découvrira qu'un côté caché de sa personnalité (l'adulte) se trouve chez Sandra. Mais son côté enfantin, qui répugne tant à Sandra, reflète une partie d'elle-même qui est restée dans l'ombre. Elle devra se donner le droit d'être une petite fille, et non pas être toujours l'adulte qui se rend indispensable en servant tout le monde, ce qui donne un sens à sa vie et lui permet de contrôler la relation à sa façon.

Elle est l'une de ces femmes qui aiment trop en étouffant l'autre. Elle recherche ce besoin de protection qui donne l'impression d'être toujours confortée et qui vient de ses identifications enfantines avec ses parents.

Sylvain et Sandra arrivés au midi de leur vie ont donc fait une pause. Durant ce temps d'arrêt, ils ont vu défiler les saisons de leur couple. Il y a eu des jours de soleil et de pluie, des soirs éblouissants et des soirs d'orage. Ce qui attirait l'un au début, comme la spontanéité, la douceur, le calme, est devenu sujet d'agacement et de frustration. Quelquefois une tornade ébranlait la maison de leur désir : indifférence, solitude, maladies, adolescence des enfants, routine, premières rides.

> Il est midi, l'heure où se réunissent le matin, temps de la pensée, et le milieu du jour, moment idéal pour l'action. Tu es le voyageur qui s'arrête pour consulter sa boussole, revoir ses cartes, évaluer ce qui est accompli et ce qui reste à parcourir. Évalue, prends la valeur du matin et du midi...
>
> Tu dois être heureux et pas seulement faire semblant que tu l'es, comme il arrive si souvent dans les premiers cycles de l'âge adulte. N'attends pas les niagaras, les dons fabuleux, les bouts du monde, les êtres à peine réels dispensant des amours sans fin. Dépouille-toi.
>
> Pierre Morency,
> *La Vie entière,*
> Montréal, Boréal, 1996, p. 135.

La quarantaine est le temps de la négociation. Sylvain est invité à renoncer à la mère-épouse idéalisée et Sandra à la fusion du père-amant invincible. Il est appelé à exprimer ses sentiments réprimés et elle, à s'affirmer davantage. Il leur sera alors possible de vivre heureux en couple et de réinventer la fidélité. Ils auront la chance de devenir plus humains, jusqu'au grand dépouillement du crépuscule.

Réinventer la fidélité : douze clefs

L'amour conjugal peut être un modèle parfait de relation humaine. Mais alors, pourquoi tant d'échecs au mitan de la vie ? La réponse n'est pas simple, comme toute réalité humaine. On peut donner trois raisons : la relation n'est pas vécue comme une alliance à bâtir tous les jours, la différence n'est pas respectée, l'alliance n'est pas considérée comme une alliance à toute épreuve. Les défis du couple ressemblent à ceux des parents envers leurs adolescents : il s'agit d'être ouvert, vrai, authentique, présent sans être pesant, fidèle sans être étouffant.

Voici douze clefs qui ouvrent sur la fidélité à réinventer sans cesse.

1. Accepter la crise de la quarantaine comme une croissance, malgré une descente dans la nuit de son être et une traversée du désert intérieur.

2. Faire confiance à la vie qui nous transforme, au temps qui nous apporte la maturité à laquelle nous sommes appelés.

3. Donner une qualité de présence à son conjoint en le respectant dans ses paroles et ses silences, ses joies et ses tristesses.

4. Libérer le désir qui fait vivre à l'intéreur de soi, là où Dieu demeure, même si tout meurt.

5. Accueillir l'autre dans sa différence et l'aider à naître à lui-même, au-delà de toute idéalisation, fusion, rêve, rôle, stéréotype.

6. Éviter toute expérience sexuelle extraconjugale qui mène la plupart du temps à une plus grande solitude, une plus grande confusion.

7. Communiquer à son partenaire ce que l'on vit pour créer un espace de communion où chacun est le gardien de la relation.

8. Redéfinir le projet commun, en lien avec l'aujourd'hui, dans les temps de santé comme de maladie, et redécouvrir l'unicité du conjoint.

9. Accepter l'autre tel qu'il est, en ne lui demandant pas ce que Dieu seul peut vraiment donner en Jésus : la foi, l'espérance, l'amour.

10. Vivre les crises dans la prière et le pardon en s'engageant à tout faire pour grandir dans l'amour et pour reconquérir l'autre.

11. Risquer l'avenir sur le don de soi en redisant notre « oui » tous les matins, en s'abandonnant au Dieu fidèle qui prend plaisir à pardonner.

12. Reconnaître que l'autre m'est un mystère, comme moi, mais différent de moi, image du Dieu trinitaire qui n'est qu'amour.

La personne fidèle épouse le chemin de l'autre. La dimension du cheminement est importante dans la fidélité. C'est comme si on disait à notre conjoint : « Tu es précieux pour moi, je veux être présent dans ce que tu vis, je veux t'accompagner avec constance. » Cette présence à l'autre est le contraire de l'indifférence. Dans l'indifférence, l'autre n'est plus rien ; il est comme anéanti par le désintérêt de son partenaire.

Le cheminement avec l'autre est une *offrande*, l'offrande de ma présence de tous les jours. Je deviens pour l'autre, compagne ou compagnon de route. Ma présence amoureuse est le plus beau cadeau que je puisse faire à mon partenaire ; c'est moi-même qui se donne. À cause de ce don de soi, de la constance de ma présence, l'autre n'est plus une propriété, il est aimé pour ce qu'il est. La fidélité espère toujours ce don, cette réciprocité, ce partage. Mais la fidélité est patiente ; elle sait qu'elle s'édifie dans la durée... C'est une création à faire, un projet à inventer. On ne naît pas fidèle, on le devient.

Jacques Gauthier,
Les défis du jeune couple,
Paris, Le Sarment-Fayard, 1996, pp. 51-52.

« Risquer l'avenir en s'abandonnant au Dieu fidèle... »

5

LA MATURATION DE LA FOI

La foi, la religion, la spiritualité, bien qu'elles comportent des variantes, renvoient à un style de vie, à la façon dont la personne se dépasse, se comprend, s'engage dans l'existence, à la manière dont elle vit son expérience humaine et spirituelle. Ainsi, lorsqu'il y a crise psychologique, comme au mitan de la vie, il y a aussi crise spirituelle. Ces deux niveaux s'interpénètrent en l'humain. Le travail que la personne effectue au plan psychologique débroussaille la voie de « l'individuation » qui la conduit au fond d'elle-même, lieu de la spiritualité chrétienne où se révèle, pour le croyant, l'image de Dieu.

À la recherche d'une spiritualité

On remarque aujourd'hui une émergence de la spiritualité. Ce concept fourre-tout est utilisé à toutes les sauces. Il séduit beaucoup de gens au mitan de la vie qui sont déçus par un monde superficiel, impersonnel, violent. Que l'on pense à la prolifération des sectes, la montée de l'irrationnel, l'importance du Nouvel Âge, l'intolérance des fondamentalismes, le succès des livres ésotériques, etc. Le phénomène des anges que l'on retrouve un peu partout ne répond-il pas aux besoins d'un monde angoissé ? N'a-t-on pas parlé à juste titre de retour du religieux en cette fin de siècle ?

Après le matérialisme, le communisme, la mort de Dieu, nous entrons peut-être dans un siècle qui sera plus ouvert au spirituel. Mais la tentation est grande de décrocher du monde réel dans une spiritualité éthérée qui dénie les limites et les nuits de la condition humaine. N'est-ce pas l'ère du *cocooning,* du confort ? Autre tentation que l'on retrouve chez des quadragénaires plus ou moins « nouvelâgeux » : réduire la spiritualité au souci de paraître jeune, d'être bien dans sa peau. Ce rêve d'une jeunesse éternelle est une tromperie. La vraie spiritualité est un chemin exigeant, difficile, qui demande l'épreuve du temps. Les grands maîtres en témoignent depuis toujours. Elle n'a que faire des modes du jour, des recettes miracles proposées par les marchands de bonheur.

Qui dit spiritualité, dit vie, esprit, souffle, plénitude, intériorité. On peut ajouter lorsqu'il s'agit de spiritualité chrétienne : désir, engagement, amour, salut, Christ. Les quadragénaires y sont sensibles, eux qui vivent un vide existentiel, une nuit spirituelle, un désert insécurisant. Ils cherchent un nouveau sens à leur vie, tentent de reprendre un second souffle, remettent en question leur façon d'être, découvrent des valeurs plus conformes à leur désir profond. C'est le temps propice à l'intériorisation et à l'éclosion d'une spiritualité, celle-ci étant l'émergence de la réalité intérieure unique à chaque individu.

Les questions posées au deuxième chapitre, portant sur la crise du désir, orientaient déjà vers la spiritualité que sous-tend toujours une quête de sens. Ces questions des quadragénaires créent du sens. Elles les invitent à démasquer leurs mensonges intérieurs qui les empêchent d'être réceptifs au vrai désir qui comble. Cette tâche psychologique et spirituelle établit un pont entre ce que nous sommes (la partie consciente de notre « moi ») et ce que nous sommes appelés à être (la partie inconsciente de notre ombre).

Cette tension nourrit le désir en tant que manque. Elle débouche sur une spiritualité du désir qui ne réduit pas l'être humain à ses besoins mais qui l'invite à découvrir son être profond et à l'accueillir comme un don de Dieu.

> La spiritualité que nous cherchons me semble se trouver dans cette voie [du désir], dont il nous est déjà possible d'entrevoir quelques principes fondamentaux. Elle ne réduit pas l'être humain à la conscience qu'il a de ses devoirs et de ses besoins. Elle appelle à découvrir en nous, au-delà de notre *Moi,* c'est-à-dire au-delà de la conscience que nous avons de nos pensées et de nos émotions, l'*être* que nous sommes. Elle propose de regarder l'être que nous sommes comme un don de l'amour de Dieu. Elle montre que la vie est un temps où nous avons à apprendre à accueillir ce don dans la joie et la gratitude. Elle amène à comprendre que la meilleure façon d'accueillir ce don est de vivre dans la fidélité à l'aspiration la plus profonde de notre être.
>
> Benoît Garceau,
> *La voie du désir,*
> Montréal, Médiaspaul, 1997, p. 15.

La spiritualité n'est jamais statique. C'est l'incarnation d'un esprit dans une vie donnée, ma vie, qui déborde d'une réalité intérieure. À la quarantaine, cette spiritualité peut s'exprimer par une recherche de valeurs morales ou esthétiques, une aspiration à s'intégrer dans l'univers, un souci de se dépasser. La personne découvre ce qui est permanent dans le changement, son vrai désir au-delà de ses désirs. Un grand besoin d'intériorité jaillit de son être profond. Elle aspire à l'unité avec elle-même, les autres, l'univers, et

Dieu, si elle est croyante, avec une réalité qui peut prendre plusieurs noms : absolu, amour, énergie, soi, autre...

L'aventure spirituelle se déroule comme un voyage intérieur, une quête d'identité et de sens. La personne prend conscience de son être présent et futur, en lien avec l'environnement. Elle recherche une qualité de vie et de présence qui ne lui vient plus des normes extérieures mais du noyau de son être. Il lui arrive parfois de quitter la religion de son enfance qui ne répond plus à ses attentes ou qui l'a déjà blessée. Comment alors se réapproprier sa foi ?

Si la foi peut apparaître comme quelque chose d'abstrait, elle s'inscrit dans une relation avec un Dieu personnel qui se révèle dans l'histoire et qui nous crée sans cesse de son regard d'amour. Les croyants vivent une expérience relationnelle où la réalisation d'eux-mêmes s'accomplit en Dieu qui les appelle à la transformation du monde. Foi et spiritualité vont de pair lorsqu'elles proposent une expérience qui évolue et qui change, qui engage et qui donne un sens à la vie et à la mort.

Je puise ici dans la tradition biblique et chrétienne qui, selon moi, répond aux aspirations profondes de l'être humain. Créé unique et irremplaçable par un Dieu artiste qui le fonde dans l'existence, il est recréé pour l'éternité par le Christ poète qui donne la présence de son Esprit créateur. En Dieu, Père, Fils et Esprit, il est invité à déployer tout son potentiel créateur. « D'après la métaphysique biblique, l'être humain est un être invité à la danse de la création, il est un créateur heureux, souple et inventif, à l'image d'un premier regard poétique par lequel il fut enfanté [1]. »

1. André Fortier, *Ce Dieu au regard poétique*, Montréal, Fides, 1999, p. 33.

La spiritualité, du latin *spiritus,* évoque le rapport à la troisième des Personnes divines, l'Esprit Saint. Le style de vie qui s'en dégage se veut conforme à la vie de l'Esprit, reçue au baptême et donnée lors de la résurrection de Jésus. La foi-confiance, l'espérance-désir et l'amour-pardon permettent de vivre de l'Esprit de Jésus. C'est l'art de vivre l'Évangile au quotidien. Cette spiritualité de l'incarnation est à la mesure du Dieu fait homme qui se trouve loin de tout syncrétisme.

La spiritualité chrétienne propose une expérience du Christ qui donne une connaissance intime de l'amour de Dieu au fond de l'être : « Si quelqu'un m'aime, il gardera ma parole, et mon Père l'aimera et nous viendrons vers lui et nous nous ferons une demeure chez lui » (Jn 14, 23). Lorsque nous nous aimons, « Dieu demeure en nous, en nous son amour est accompli » (1 Jn 4, 12). Nous le connaissons par cet amour en nous. Cette expérience existentielle guérit et libère, ouvre sur la compassion et la confiance. Il n'y a rien de magique dans cette relation qui passe toujours par des médiations. La spiritualité incarnée du Dieu fait homme engage la liberté dans la transformation du monde. Elle devient une mystique de la création, de la transformation, du désir, de l'amour. Il s'agit d'être vraiment une image de Dieu, ce qui, pour le théologien Matthew Fox, signifie « être en mouvement, en croissance ; c'est être une œuvre d'art vivante impliquée dans des activités de transformation[1] ».

Toute spiritualité à la quarantaine n'est jamais définitive. Elle va et vient comme le souffle. La personne y redéfinit sa vie, fait ce qu'elle aime, se retrouve seule

1. Matthew Fox, *La grâce originelle,* Montréal et Paris, Bellarmin et DDB, 1995, p. 322.

avec elle-même, s'occupe de sa santé : bonne alimentation, heures de sommeil suffisantes, médecine douce, exercices physiques. Bien habiter son corps, c'est aussi s'éveiller à sa propre intériorité, approfondir la connaissance de soi et des autres, harmoniser le réel avec le désir de vivre. L'adulte revient à l'essentiel qui est d'être, de respirer, d'aimer.

Le souffle

Le souffle humain est une échappée de l'Esprit Saint. Le souffle est une fuite qui laisse couler l'âme, d'où l'urgence de dire les vrais mots qui brillent dans la nuit comme des astres, ces bouches de lumière.

Laissons voler le souffle au mitan de la vie ! Ne le retenons pas ! Qu'il souffle sur toutes les œuvres présentes et à venir ! Le souffle est léger, il est fait pour être partagé. Les amants le savent.

Laissons passer le souffle ! Il existe pour être donné gratuitement, comme nous l'avons reçu ! Le souffle est désir. Il est donné pour rayonner. Chaque souffle est une onde sur les tempes humaines.

Accueillons le souffle de Dieu qui souffle dans nos souffles ! Ivresse de l'émerveillement. Cœur à cœur, la distance d'un sourire. Respiration de la foi qui ouvre les mains, le temps d'un soupir, d'une prière, d'un poème.

Jacques Gauthier,
Les mots de l'Autre.

La voie de l'individuation

Pour Jung, la personnalité n'atteint sa plénitude qu'à partir de quarante ans. Commence alors un changement fondamental qui prépare l'adulte à devenir un être réellement unique. Cela se réalise en prenant la voie de « l'individuation » qui est « la forme de notre unicité la plus intime, notre unicité dernière et irrévocable, il s'agit de la réalisation de son Soi dans ce qu'il a de plus personnel et de plus rebelle à toute comparaison. On pourrait donc traduire le mot d'« individuation », par « réalisation de soi-même », « réalisation de son Soi [1] ».

Jean Cocteau évoque ce changement radical, cette « individuation », où l'adulte tente de s'adapter non plus au monde extérieur mais à son monde intérieur :

> Me voici maintenant au milieu de mon âge.
> Je me tiens à cheval sur ma belle maison.
> Des deux côtés je vois le même paysage.
> Mais il n'est pas vêtu de la même saison [2].

À la quarantaine, nous sommes assis à cheval sur la belle maison de notre vie. C'est le même paysage des deux côtés, mais il n'est pas vêtu de la même saison. Le premier versant de la vie est cette saison imposée de l'extérieur, image idéalisée du moi. Le deuxième versant correspond à une saison intérieure, mieux adaptée à la situation présente. Cette saison en est une d'alliance et de paix, où chacun est invité à changer son cœur de pierre pour un cœur de chair : « Je leur donnerai un seul cœur et je mettrai en eux un esprit nouveau » (Éz 11, 19).

---

1. Carl Gustav Jung, *Dialectique du moi et de l'inconscient,* Paris, Gallimard, 1964, p. 131.
2. Jean Cocteau, *Janus 14 : L'homme de la quarantaine,* Paris, Nouvelle Librairie de France, 1967, p. 6.

D'un côté le passé, de l'autre l'avenir, où la personne « donne son fruit en la saison et jamais son feuillage ne sèche » (Ps 1, 3).

Mais être « à cheval sur ma belle maison », que l'on soit couronné ou non des lauriers du passé, représente un état bien précaire. Selon Jung, l'énergie psychique employée jusqu'alors au déploiement de l'ego doit être redirigée à la faveur d'un développement beaucoup plus grand de toute la personnalité. L'ego n'est que le dixième de l'iceberg audessus de l'eau, les neuf dixièmes étant la partie inconsciente, nocturne, le potentiel psychique et spirituel non réalisé.

La voie de l'individuation qui, comme le mot le suggère, varie selon chaque individu, permet de quitter une image de soi réductrice et de plonger en profondeur dans le désir qui fait vivre. Nous habitons l'autre saison en restructurant notre être à partir du noyau de notre identité personnelle. Il n'existe pas de recettes et de cadres spécifiques pour ce travail d'individuation où chacun devient ce qu'il est appelé à être en intégrant les aspects fragmentés de sa personnalité.

Brewi et Brennan voient le processus d'individuation comme une « refonte de l'âme » (soul making) qui aboutit à une maturation et une « conversion psychique[1] ». Cette conversion s'opère là où nous sommes enracinés dans l'existence, comme le note Giguère : « Une condition essentielle au succès du cheminement spirituel et religieux, c'est l'acceptation

1. Janice Brewi, Anne Brennan, « Soul Making and Life's Second Half », *Review for the Religious,* mars-avril, 1993, p. 224.

et la valorisation de sa propre originalité, la reconnaissance que le visage concret de son existence est le seul lieu réel de la recherche spirituelle et de la croissance vers la maturité dans la foi[1]. »

Mais nous résistons au changement. L'inconnu fait peur. Nous préférons nous agripper aux images que nous avons de nous-mêmes, des autres, de Dieu, plutôt que de risquer d'être obligés d'en adopter des différentes. Ces images nous venaient essentiellement par voie de la génération de l'espèce et du conditionnement de la culture, de la famille, de la société. À la quarantaine, le choix est offert : vivre ou non selon l'image qui nous est propre en tant qu'individu. Ce processus d'individuation se situe dans les profondeurs obscures de notre être spirituel. Il en résulte une expérience de notre finitude, l'insatisfaction de notre inachèvement, une crise du désir, comme nous l'avons vu aux chapitres précédents.

La part de soi-même laissée dans l'ombre revendique ses droits, d'où ce travail d'intégration du réel qu'exige l'individuation. L'épanouissement de soi devient mûrissement en ce qui est plus grand que nous. On renaît de nouveau, puisqu'on devient vraiment soi-même. La crise de la quarantaine devient l'occasion d'habiter avec soi-même et, pour plusieurs, d'y rencontrer Dieu. Cette expérience marquante du mitan de la vie devient religieuse, car elle incite la personne au dépassement d'elle-même. Elle nous relie à nous-même, à Dieu, ce « je ne sais quoi », dont parle Jean de la Croix, et que le « cœur brûle d'obtenir ».

---

1. Paul-André Giguère, *Une foi d'adulte,* Ottawa, Novalis, 1991, p. 26.

> Un cœur vraiment grand, généreux,
> Ne se laisse point arrêter
> S'il peut passer, quoi qu'il en coûte,
> Si malaisée que soit la route ;
> Jamais il ne dit : c'en est trop.
> Sa foi monte, monte toujours,
> C'est qu'il est un je ne sais quoi
> Que son cœur brûle d'obtenir.
>
> Jean de la Croix,
> *Œuvres complètes,*
> Paris, Cerf, 1990, p. 209.

Les étapes de la foi

Qui peut prétendre être arrivé à la pleine maturité psychologique et spirituelle ? Pèlerins en marche, nous sommes toujours en croissance, allant de départ en départ. Nous n'atteignons que rarement le but fixé, surtout lorsqu'il s'agit de notre relation au Créateur. L'expérience de croire devient un mouvement vers l'avant, une restauration de l'image de Dieu dans notre être créé pour aimer. La ressemblance avec Dieu s'actualise dans une nouvelle manière d'être, de voir, de vivre.

L'union intime avec ce Dieu d'amour ne peut pas se réaliser pleinement ici-bas. La foi est en maturation, comme nos vies. Il y a des étapes à franchir. Que de purifications pour arriver à l'union, que de déserts pour boire à la source ! L'abandon en Dieu (la foi) et l'ouverture au prochain (l'amour) nous guident sur ce chemin du mitan de la vie qui mène à la source, malgré la nuit, nous répète Jean de la Croix :

Cette source éternelle est bien enfouie
je connais le lieu d'où elle surgit
malgré la nuit[1].

S'il est fréquent de voir plusieurs quadragénaires renier les croyances de leur enfance, il n'est pas rare qu'ils prennent des éléments des religions orientales, de la psychologie populaire, du Nouvel Âge, pour se faire une religion à leur mesure. Ceux et celles qui restent fidèles à leur foi chrétienne ressentent l'épreuve de la durée, l'impression parfois de perdre la foi, les déceptions des chrétiens de « gauche » ou de « droite », les désaccords avec telle pratique de l'Église.

Les adultes ont peu de points de repère et de guides pour les éclairer dans cette aventure de la foi : « Y a-t-il encore des gens, des maîtres spirituels aujourd'hui qui puissent nous aider à redécouvrir le vrai sens de notre vie et de notre destinée[2] ? » Ils traversent souvent seuls les étapes de la vie, de la foi, et les crises inévitables de croissance qui en découlent. Sur ce chemin qui mène à l'autonomie, les cheminements sont divers, compte tenu de l'expérience, des rôles, des fonctions de chacun. L'expérience de la foi est multiple.

La foi, par une dynamique d'interprétation, d'engagement et de confiance qui lui est propre, fournit à l'adulte des réponses qui l'aident à faire face aux différentes situations de la vie. Elle lui permet de dire « oui » à la vie. Le pasteur théologien James Fowler

1. Jean de la Croix, *Nuit obscure. Cantique spirituel*, Paris, Gallimard, 1997, p. 127.
2. Jacques Grand'Maison, Solange Lefebvre, *Une génération bouc émissaire. Enquête sur les baby-boomers*, Montréal, Fides, 1993, p. 385.

propose un modèle de développement de la foi en six étapes [1]. À travers ces stades, la personne structure son univers de sens.

Les deux premiers stades sont ceux de l'enfance : foi intuitive et mythique. Cette foi est inspirée des parents et de l'environnement social. Le troisième stade commence à l'adolescence où la dimension communautaire et non critique de la foi prend beaucoup d'importance. Les croyances et les valeurs sont fortement ressenties. Les autres qui ne partagent pas cette foi sont souvent vus comme des personnes à convertir. Le quatrième stade propose une foi plus individuelle et critique. Le « je » est la référence première de l'acte de croire : « Je crois. » Les croyances sont au service de notre propre quête de sens.

Les individus qui passent au cinquième stade sont peu nombreux, selon Fowler, et ils ont au moins quarante ans. Giguère en parle comme du stade de la réappropriation où le « moi », ouvert à l'expérience, est en communion avec les autres. Ces gens redécouvrent la prière ou les sacrements, intériorisent des croyances, pratiques, symboles, mis de côté depuis leur jeunesse. Paul Ricœur voit cela comme une « seconde naïveté » où l'on réintègre ce qui a déjà été reçu naïvement. Jung dirait que c'est l'intégration harmonieuse des polarités masculin-féminin, destructeur-constructeur. Ces individus vivent leur foi en complicité intérieure avec d'autres chercheurs de Dieu. Ils s'ouvrent à l'universel, dernier stade pour Fowler, où ce n'est plus leurs drames personnels qui importent, mais le drame humain universel. « Parvenus à un parfait décentrement d'eux-mêmes, et sans

1. Voir *Stages of Faith : The Psychology of Human Development and the Quest for Meaning,* San Francisco, Harper & Row, 1981.

se mépriser le moins du monde, ils accomplissent leur vie dans le service de la vie [1]. »

Autour de la quarantaine, l'adulte réexamine sa vie, laisse émerger ses aspirations profondes. Cette quête de sens passe par une maturation de la foi qui est libre et intelligente. C'est une foi adulte, par opposition à une foi infantile. Cette foi est une réponse personnelle qui donne du sens à la vie. Si elle se situe dans le registre de la continuité des aspirations humaines, elle est aussi rupture, dépassement de l'humain, abandon, nuit.

Thérèse de Lisieux, bien que morte à vingt-quatre ans, demeure l'une des figures les plus attachantes de cette foi adulte vécue dans la situation d'enfant de Dieu. Elle a approfondi une petite voie de confiance qui s'enracine dans l'amour trinitaire, où l'ouverture à l'autre est totale parce qu'il y a échange de regards, de désirs, de paroles. Elle s'asseoit à la table des pécheurs, expérimente leur absence de Dieu qui préfigure l'incroyance du XXe siècle. Les dix-huit derniers mois de sa vie se passeront dans la nuit de l'espérance où elle chante ce qu'elle veut croire. Elle s'en remet totalement à Dieu, comme un enfant s'endort dans les bras de son père. Cette foi confiante lui permet d'avancer dans l'obscurité et d'atteindre le cœur de l'Évangile qui est l'amour. Ainsi, elle sera l'amour au cœur de l'Église, commençant ici-bas cette charité fraternelle envers ses sœurs du carmel.

Thérèse montre que la relation à Dieu et à l'autre est au centre de toute dynamique de croissance dans la foi, d'où la valorisation de la différence. En passant du respect des autres à la communion en Dieu, elle peut aimer comme Jésus le demande, puisque c'est lui

1. Paul-André Giguère, *Une foi d'adulte,* Ottawa, Novalis, 1991, p. 66.

qui aime en elle, librement. La perfection chrétienne se situe à ce niveau de l'amour décentré de soi, de l'amour centré sur l'autre et l'Autre. La maturité de la foi se trouve dans cette voie d'accomplissement du désir d'aimer qui se donne. Le cri de ce désir surgit du fond de notre finitude qui, à la quarantaine, prend les couleurs d'une nuit spirituelle.

La nuit spirituelle

Nous voici donc, au mitan de la vie, en face d'une nuit obscure qui rompt avec nos aspirations humaines. Cette nuit de notre finitude est marquée par l'angoisse, le dénuement, la solitude. Commence alors le processus d'intériorisation propre à cet âge. Nous quittons notre maison sécuritaire pour entrer à l'intérieur de nous-même, ce que Thérèse d'Avila appelle le « château intérieur ». L'espérance donne l'élan nécessaire pour marcher sur la route qui mène à notre désir, cet absolu au fond de l'être qu'on ne peut pas atteindre pleinement, selon Marcel Légaut : « Cet absolu qui est en moi, qui est de moi, mais qui n'est pas à moi, je ne peux pas l'atteindre, il y a une impossibilité pour moi de me l'approprier... Il y a donc à la fois en moi cette nécessité interne de désirer cet absolu et cette impuissance radicale à l'atteindre [1]. »

Plusieurs personnes entre trente-cinq et quarante-cinq ans s'interrogent sur cet absolu. Elles sont souvent en rupture avec l'héritage religieux de leurs parents, d'autres n'en n'ont jamais eu. Cette crise du désenchantement de l'existence se vit dans une nuit

1. Marcel Légaut, « Marcel Légaut parle de son livre : *L'homme à la recherche de son humanité* », *Cahiers Universitaires Catholiques*, 14, 1971, p. 6.

où la foi semble absente. Elle se manifeste par un grand vide spirituel et une remise en question radicale, comme en témoigne cet homme de trente-huit ans : « Tu as rejeté toute tradition religieuse, tu es devenu très critique de la vie moderne d'aujourd'hui. En fin de compte tu n'es nulle part. Tu t'es libéré de ci et de ça, mais tu n'as rien dans les mains au bout du chemin. Entre autres choses, tu te dis que c'est con de penser que la foi de tes parents ne vaut rien [1]. »

Ce cri contemporain fait écho à cette constatation de Jung : « De tous mes patients au-delà du milieu de la vie, c'est-à-dire de trente-cinq ans, il n'y en a pas un seul dont le problème fondamental ne soit pas celui de l'attitude religieuse. Oui, chacun souffre finalement du fait d'avoir perdu ce que des religions vivantes ont de tout temps donné à leurs fidèles, et aucun n'est vraiment guéri tant qu'il ne retrouve pas son attitude religieuse [2]. »

Cette génération en quête d'identité vit l'ébranlement de son existence comme une nuit de la foi, une absence de repères, une quête d'absolu. Après avoir dit en quoi elle ne croyait pas, elle se demande maintenant en quoi elle croit, si la religion est compatible avec sa soif d'émancipation. Ces adultes en quarantaine cherchent des racines. Ils ont peu de souvenirs religieux qui les relient à une communauté. La nuit du mitan de la vie les amène au plus profond d'eux-mêmes. Ils se recentrent intérieurement pour sonder les profondeurs de leur univers. S'ils suivent leur désir d'être, de vivre et d'aimer, ils sortiront d'eux-mêmes pour guider la génération suivante, ce qu'Erikson

1. Jacques Grand'Maison, Solange Lefebvre, *Une génération bouc émissaire. Enquête sur les baby-boomers,* Montréal, Fides, 1993, p. 18.

2. Cité dans Anselm Grün, *La crise du milieu de la vie,* Paris, Médiaspaul, 1998, p. 73.

appelle la « générativité ». Ils mettent leurs capacités au service d'un univers social plus vaste. Ce mouvement vers l'extérieur vient de leur intériorité.

Cette nuit spirituelle se traduit par un besoin d'intériorité, de détachement, de liberté, d'amour, de créativité, de dépassement de soi. On sort de chez soi pour rencontrer l'autre. Elle se manifeste par une soif d'aimer et d'être aimé. Cela relève de l'ordre du désir qui est par nature insatiable et que vient troubler le démon de midi.

Les artistes vivent cette nuit existentielle avec plus d'acuité. Le désir de créer peut apparaître durant cette période du mitan de la vie, comme cela s'est passé pour Gauguin. Il peut y avoir aussi une diminution des capacités créatrices, mais la plupart des artistes qui émergent de la crise changent le contenu de leur œuvre d'une manière définitive. Le travail de création, mûri par le temps, aboutit souvent à une œuvre achevée.

Le poète Patrice de La Tour du Pin (1911-1975), « prince de la spiritualité [1] », élabora *Une Somme de poésie* en trois jeux où le thème de la nuit est omniprésent. Son deuxième jeu, *Le Jeu de l'homme devant les autres,* coïncide avec sa crise de la quarantaine. Son épouse Anne témoigne de cette nuit spirituelle qui prit la forme d'une privation de l'écriture.

« Des passages à vide, il y en eut assurément dans sa vie comme dans celle de tout mystique : nul n'échappe à cette traversée du désert, à ce dessèchement spirituel ! On peut dire qu'il a passé huit à dix ans dans l'angoisse, à s'interroger sur le sens de son œuvre, à se demander s'il pouvait encore compo-

1. Alain Bosquet, « La mort de Patrice de La Tour du Pin : Un prince de la spiritualité », *Le Monde,* 31 octobre, 1975, p. 1.

ser des poèmes, retrouver un minimum de lyrisme et de bonheur d'écrire. Pendant cette période, il est arrivé qu'il ait mis parfois une semaine pour écrire une seule phrase. C'est dire qu'en raison d'une inspiration défaillante, il ne parvenait plus à rédiger sans effort, lui qui, depuis l'âge de quinze ans, écrivait comme il respirait. Plus précisément, cette époque se situe entre 1948 et 1958, alors même qu'il élaborait son « Second Jeu », le plus dur à écrire pour lui [1]. »

L'être humain, artiste ou non, qui consent à sa nuit devient plus autonome. Il échappe à l'emprise de son inconscient pour devenir plus créateur, plus vrai. Cette nuit déstabilisante n'a rien de morbide, malgré l'insécurité de la mort. Certes, elle peut mener jusqu'à la dépression, d'autant plus qu'elle lui fait perdre ses illusions. Mais après, il y a un regain d'équilibre, une harmonisation des énergies vitales, une intégration de son désir d'être. L'adulte devient moins conditionné par le monde extérieur de la culture et de la société que par le potentiel de son monde intérieur. Bienheureuse nuit qui l'amène à être plus authentique, à trouver sa vérité intérieure, à renouer avec son côté plus sombre, à redécouvrir l'avenir sous l'angle de la foi en lui-même et en Dieu.

---

1. Anne de La Tour du Pin, Interview par Camille Souyris, *Fer de lance,* 1977, n° 100, p. 7.

La nuit

La nuit, aucune étoile n'en perce le secret. J'en porte les vestiges dans ma vie. Nul rêve n'éclaire cette nuit et nul sommeil ne l'apaise. J'erre en elle dans la foi en une clarté qui me guide mieux que le soleil de midi. J'en fixe les couleurs sur le négatif de mon âme. Les yeux de mon cœur veillent la splendeur de cette clarté qui brille dans ma nuit mieux que le soleil en plein jour.

Cette nuit spirituelle est mon bien. Elle est le baiser sur mon front. C'est une croix qui sauve et qui rassasie les chercheurs d'ombres. Elle me garde dans la vérité quand je m'arrête au cirque des illusions et que je me gave de mensonges. Alors je tremble de peur et elle me prend sous son aile, me révélant sa présence au creux de mes blessures.

Les épousailles de la nuit sont plus fortes que les divorces avec moi-même. L'obscurité brouille les pistes. L'espérance tient son registre de nuit, ainsi je ne vois pas mes conquêtes sur l'angoisse et la mort.

La nuit trace une descente qui me creuse le fond de l'être. Je n'ai qu'à suivre sa piste qui mène à la nuée lumineuse, à la ténèbre éclatante, dans l'attente joyeuse de Celui qui doit venir.

Quelle gloire que cette nuit ! La croix de solitude me crée un visage d'éternité, à mon insu, pour la seule joie du Ressuscité.

Jacques Gauthier,
Les mots de l'Autre.

De la foi en soi à la foi en Dieu

La personne au mitan de sa vie emprunte un chemin d'introspection qui conduit à l'intériorité. Elle devient de plus en plus présente à elle-même, ce qui l'amène à croire à son unicité, son mystère personnel, sa propre originalité. Cette foi en soi-même lui permet de reconnaître sa carence d'être, d'autant plus qu'elle vit une grande désillusion. En désirant l'absolu, malgré le vide et le non-savoir de sa nuit, elle est pleinement fidèle à elle-même.

Marcel Légaut s'est réapproprié sa foi autour de la quarantaine. Il a compris que la foi n'est pas donnée toute faite et pour toujours au début de la vie, mais qu'elle s'insère dans une recherche de fidélité à soi-même. La foi en soi aboutit à la foi en Dieu, mais parfois, elle ne va pas jusque-là.

La crise du mitan de la vie, comme toute crise de croissance, pousse la personne à tout remettre en question et à s'ajuster à la vérité de son être, de son désir. Pour Légaut, elle est à la recherche de son humanité : « À partir d'un niveau suffisant d'humanité, l'homme éprouve la nécessité de chercher un sens à ses jours pour épouser sa destinée, l'assumer, si ce n'est la transformer extérieurement, au lieu de la subir aveuglément et d'être tiré ainsi jusqu'à la mort. Cette nécessité lui est imminente comme le fait de vivre[1]. »

Cette recherche de sens est fondamentale à la quarantaine. L'adulte sent qu'il lui est impossible de vivre vraiment s'il ne donne pas un sens à son existence, malgré les doutes qui l'assaillent. Mais quel défi aujourd'hui alors qu'il y a un déluge d'informations

---

1. Marcel Légaut, *L'homme à la recherche de son humanité,* Paris, Aubier, 1971, pp. 117-118.

contradictoires ! Il est appelé à aller au bout de lui-même pour découvrir ce qu'il est et ce qu'il veut devenir. Il désire vivre intensément en créant du sens dans un monde de plus en plus complexe. Le Dieu qu'il cherche n'est pas extérieur à ce qu'il vit, mais fait partie intégrante de sa vie. La foi qu'il désire ne serait seulement être passive, raisonnée, idéologique. Elle doit jaillir de l'intérieur de lui-même ; elle est une option personnelle. Cette foi le transforme en lui faisant entendre « ce silencieux appel à être[1] ».

La foi en soi et la reconnaissance de sa finitude d'être sont les premiers pas vers l'intériorisation. Le quadragénaire, homme ou femme, est ainsi invité à accepter sa solitude comme une ouverture vers une plus grande communion. En se réconciliant avec sa solitude, sa foi devient confiance : elle s'ouvre au désir de Dieu. Il passe de la foi en soi à la foi en Dieu.

Nous sommes déjà unis à Dieu par le seul fait d'exister. Cette union devient relation consciente lorsqu'elle est vécue dans la foi véritable où Dieu n'est plus perçu comme un concurrent, un juge, un dictateur, mais comme un partenaire dans l'aventure humaine, un amoureux qui épouse notre soif en faisant alliance avec notre désir. Il n'y a plus ici de marchandage avec un Dieu que l'on tiendrait responsable de nos malheurs. Ce Dieu est à l'intérieur de nous et il nous fait partager son intimité.

La Bible nous apprend que ce Dieu n'est pas non plus une énergie cosmique impersonnelle mais un être de relation. Il nous aime et nous sommes ses enfants. Il prend sa joie en nous. Il est de notre côté, puisqu'il a donné sa vie en son Fils. Il existe selon trois manières d'aimer tout en restant unique. Le Père est tout

1. *Ibid.*, p. 29.

« Dieu est à l'intérieur de nous et il nous fait partager son intimité. »

l'amour donné, le Fils est tout l'amour reçu, l'Esprit est tout l'amour partagé. Ce mystère est confessé à chaque fois que nous faisons le signe de la croix, au nom du Père, et du Fils et du Saint-Esprit. Nous signifions que Dieu est inscrit dans notre chair. Nous lui appartenons, mais c'est de nuit. Nous l'avons au corps depuis qu'il s'est fait homme.

L'adhésion de cette foi en soi à la foi en Dieu devient mission d'être, au-delà de toute fonction.

L'intériorité se confond avec l'engagement, au-delà de tout agir. La nuit spirituelle devient nuit mystique éclairée de la résurrection du Christ. Le mot « mystique », du grec *mystikos,* signifie ici fermer les sens, s'ouvrir au silence, entrer dans le mystère de l'amour. Cette nuit mystique exige une attitude d'accueil (sainteté) et un esprit d'ouverture (salut). Elle n'est pas fusionnelle ; elle est une relation de présence en face de Dieu qui respecte mes limites, présence joyeuse qui culmine dans l'adoration.

Charles de Foucauld (1858-1916) témoigne de l'absolu de sa foi. Il a écrit son désir de Dieu avec son sang dans le silence du désert. À trente-huit ans, alors qu'il était moine à la Trappe d'Akbès, il composa cette prière d'abandon au Père, prière de confiance que les adultes au mitan de leur vie peuvent réciter à toute heure du jour et de la nuit.

Mon Père, je m'abandonne à toi ;
fais de moi ce qu'il te plaira.
Quoi que tu fasses de moi, je te remercie.
Je suis prêt à tout, j'accepte tout.
Pourvu que ta volonté se fasse en moi,
en toutes tes créatures,
je ne désire rien d'autre, mon Dieu.
Je remets mon âme entre tes mains ;
je te la donne, mon Dieu,
avec tout l'amour de mon cœur,
parce que je t'aime,
et que ce m'est un besoin d'amour de me donner,
de me remettre entre tes mains sans mesure,
avec une infinie confiance,
car tu es mon Père.

Un temps avec Charles de Foucauld,
Paris, Cerf, 1998, p. 71.

La nuit mystique

Si dans la nuit spirituelle on va vers l'autre, dans la nuit mystique on va vers l'Autre, ce Dieu distinct de ce que nous sommes, mais qui est plus intime que nous pouvons l'être à nous-mêmes. On est passé de la foi en soi à la foi en Dieu. On devient Dieu par participation, tout en gardant son identité, sa personnalité. La distance est respectée. Nous ne disparaissons pas en Dieu. Nous restons nous-mêmes, en présence de Dieu.

Dans le christianisme, ce Dieu s'est fait homme en Jésus Christ. Le Verbe fait chair établit le pont entre l'humain et le divin, il réalise en nous l'intégration de la polarité Créateur-créature. Il est le symbole vivant qui relie la terre et le ciel, le passé et l'avenir. En s'identifiant à Lui, l'adulte devient vraiment ce qu'il est appelé à être : amour. Qui peut combler ce désir d'aimer sinon le Dieu d'amour venu conclure une alliance éternelle avec chacun de nous ? En acceptant cette alliance, notre liberté est libérée et notre désir trouve son horizon.

Le croyant dans la nuit de la quarantaine s'en remet à Dieu. Sa foi lui fait comprendre mystérieusement que c'est Dieu qui agit en lui. Il l'invite à la paix du cœur en le faisant passer par la nuit du dépouillement. Dieu plonge son cœur dans le vide et la sécheresse en lui montrant ce qui est faux et ombrageux : égoïsme, orgueil, agressivité, dépendance, jalousie. Le Tout éclaire son côté destructeur. Il s'ensuit une grande douleur de se savoir indigne d'un tel amour. Le croyant vit comme en enfer, « enfermé » en lui-même, découvrant des sentiments qu'il ne veut pas voir ou admettre. Pourtant Dieu l'éclaire en l'aimant. Il n'y a ici aucune condamnation, la miséricorde divine envahit tout.

Thérèse de Lisieux a eu le génie de le dire en termes simples, tels ces extraits d'une lettre écrite le 17 septembre 1896 à sa marraine Marie du Sacré-Cœur :

« Ce qui lui [Dieu] plaît c'est de me voir aimer ma petitesse et ma pauvreté, c'est l'espérance aveugle que j'ai en sa miséricorde... Plus on est faible, sans désirs, ni vertus, plus on est propre aux opérations de cet Amour consumant et transformant... C'est la confiance et rien que la confiance qui doit nous conduire à l'Amour[1]. »

Cette expérience pascale, où l'on passe de la mort à la vie, se vit dans la confiance, la prière, l'abandon en Dieu. L'important ici n'est pas de faire beaucoup mais de se laisser faire par ce Dieu qui est présent au fond de notre être. En s'éveillant à soi-même, on s'éveille à Dieu. Un choix s'impose : se replier sur soi-même ou s'ouvrir à la nuit de Dieu. Rien ne sert de se fuir soi-même, de s'agripper à de fausses sécurités, de s'agiter en tous sens, le mot d'ordre est de rester tranquille. Le mystique allemand Tauler (1300-1361) décrit cette nuit de la quarantaine comme une chance de grandir et de renaître spirituellement.

> Reste présent à toi-même et ne prends pas la fuite, souffre jusqu'au bout et ne cherche pas autre chose ! Non pas comme ces personnes qui cherchent toujours la nouveauté pour échapper à la tourmente dès qu'elles sont dans cette pauvreté intérieure. Ou encore elles s'en vont gémir et interroger des maîtres, ce qui les égare encore davantage. Reste dans ton état sans hésitation ; après les ténèbres viendra la clarté du jour, le soleil dans tout son éclat...
>
> Fais-moi confiance, aucune tourmente ne s'élève dans l'homme sans que Dieu n'ait, en fait, l'intention de procéder à une nouvelle naissance en lui. Et sache-le : tout ce qui t'enlève la tourmente ou la pression, tout ce qui l'apaise ou la soulage, tout cela se fait

1. Thérèse de Lisieux, *Œuvres complètes,* Paris, Cerf/DDB, 1996, pp. 552-553.

engendrement en toi. Et puis se produit la naissance quelle qu'elle soit, Dieu ou créature.

Jean Tauler, cité par Anselm Grün, dans *La crise du milieu de la vie,* Paris, Médiaspaul, 1998, pp. 38 et 43.

Cette nuit nous enfante donc à nous-mêmes et à Dieu, mais il ne faut pas fuir notre finitude et l'insatisfaction qui en découle, comme nous l'avons exprimé au premier chapitre. Dieu en son Christ nous attend au carrefour de nos tourments. Cette nuit est mystique puisque c'est lui qui agit en nous par les dons de son Esprit Saint. Nous n'avons qu'à accueillir son mystère dans la foi. Il faut donc lui faire confiance, même s'il est douloureux de naître en Dieu, de passer de soi au Christ, de l'extérieur à l'intérieur, de la parole au silence. Ainsi, il fait de nous ses mystiques, c'est-à-dire des croyants qui vivent de sa présence, qui la recherchent dans l'action et la contemplation, qui prennent conscience de son amour et qui désirent par-dessus tout vivre en union avec lui dans l'abandon à sa volonté.

La nuit mystique dépasse tout ce qu'on peut en dire. Elle marque le passage de « ce que je veux » à « ce que Dieu veut ». Les croyants qui l'empruntent consciemment passent de la nuit à l'aurore. Voilà le projet de libération que propose Jésus Christ, vrai Dieu et vrai homme. La foi devient alors plus intime et universelle, mais aussi plus obscure, comme l'a si bien décrite le mystique par excellence de la nuit et de l'union à Dieu, Jean de la Croix[1]. Il montre que la foi donne une lumière qui dépasse ce que la raison et les sens ne peuvent pas saisir. De plus, le terme même de cette foi

1. Voir mon introduction aux écrits du mystique dans *L'expérience de Dieu avec Jean de la Croix,* Montréal, Fides, 1998, pp. 7-23.

étant le Dieu invisible, nous restons dans la nuit ici-bas.

La nuit mystique surgit du fond de notre misère humaine, de la crise du désir vécue à la quarantaine. Elle nous conduit à l'union à Dieu, surtout si son amour ne nous dit plus rien. Nous expérimentons cette nuit dans la foi et l'amour purifiés au feu du dépouillement et de l'oraison. Cette prière de simple présence se vit dans le désert du cœur. Elle est souvent aride et silencieuse. De ces ténèbres lumineuses jaillit la contemplation qui est une admiration amoureuse du regard de Dieu, perçu dans la foi.

La nuit de la foi :
une prière de simple présence,
vécue dans le désert du cœur...

Le croyant en quarantaine devient un immense œil de prière. Il ne désespère pas dans son long carême. Il sait que depuis un certain matin de Pâques, Dieu travaille en secret au plus intime de sa nuit. Il n'y a pas pour lui d'endroit vide de Dieu. L'image de Dieu brille de plus en plus dans ses yeux. Il en est transformé, transfiguré, mais c'est de nuit, et plus souvent au Calvaire qu'au Thabor.

Dans la tradition chrétienne, la nuit mystique commence là où la contemplation débute. Ne pouvant plus méditer avec ses sens et ses facultés, la personne reste en paix et en silence. Elle se laisse aimer par son Seigneur et boit à la source sans effort. Il s'agit seulement d'être là, disponible. Les techniques de méditation peuvent aider à suspendre les pensées, mais elles ne peuvent pas remplir le vide que crée cette nuit. Dieu seul qui met le croyant dans cette nuit se charge de l'habiter à sa manière si déconcertante. La volonté, occupée par Dieu, y trouve son désir, tout en ne ressentant rien, pendant que l'intelligence et la mémoire sont dans les ténèbres et le vide. Puissante oraison de simple présence où l'on ne cherche plus les dons et les délices de Dieu, mais Dieu lui-même.

Christian de Chergé, prieur du monastère cistercien de l'Atlas en Algérie, a vécu cette nuit qui l'a préparé à l'offrande totale. Le 21 mai 1996, il était assassiné avec six autres moines par des terroristes. Un poème écrit la veille de la nuit de Noël 1979, alors qu'il avait 42 ans, relate cette lutte intérieure où la joie est nuit de Dieu.

> Nuits de la foi en agonie...
> Le doute est là, et la folie
> d'aimer tout seul un Dieu absent et captivant.
> [...] Ce que j'espère, je ne le vois...
> C'est mon tourment, tourné vers Lui.
> Toute souffrance y prend son sens,
> caché en Dieu comme une naissance,
> Ma JOIE déjà, mais « c'est de NUIT [1] ! »

---

1. Bruno Chenu, *L'invincible espérance,* Paris, Bayard / Centurion, 1997, p. 63. Texte cité dans Marie-Christine Ray, *Christian de Chergé, prieur de Tibhirine,* Paris, Bayard / Centurion, 1998, p. 127.

La nuit mystique touche les quadragénaires qui s'ouvrent au désir de Dieu, jusque dans leurs profondeurs psychiques. La possibilité leur est offerte de transcender leurs structures humaines, sans les nier, et de les transposer dans une structure trinitaire : l'abandon au Dieu Père qui s'est identifié à nous dans son Fils par l'Esprit. Le Christ devient le modèle de l'union à Dieu et le lieu où s'enracine l'expérience de Dieu.

Le Christ est pour le chrétien ce qu'il y a de plus humain et divin en lui. Il est le compagnon de ses combats, le soutien de son être sans fond. Il invite à servir Dieu en ne s'en servant pas comme d'une cause à défendre, un besoin à combler, une image à aimer, un rêve à réaliser. Dieu est au-dessus de tout cela. Ce qu'il demande : l'abandon à son amour manifesté en son Christ ressuscité. C'est alors l'union de deux volontés, de deux désirs, de deux regards, où la nuit du mitan de la vie se change en aurore pascale.

La présence

La présence qui me trouve, j'en ai saisi l'écho dans ma nuit. Depuis le temps qu'elle veut régner en moi pour m'inonder de sa paix. À vrai dire, nous sommes faits pour être ensemble, mais elle attend l'heure que je sois prêt à me reposer en elle. Mon tourment l'attire ; elle a soif des assoiffés.

La présence connaît mon combat avec une parole à incarner dans mes mots. Cette parole bat dans mon corps comme un cœur crucifié. Elle me dit : tout est eucharistie, transformation, maturation, résurrection.

La présence m'enseigne la force du faible. Elle me fait comprendre cette béatitude de la douceur. Son sourire devient le mien. Sa beauté se cache à mon visage, mais j'en devine les traits. Elle vient à moi dans le silence. Et je me laisse faire, sans mesure, comme un enfant étonné de tant d'attention et d'accueil.

La présence me visite. Elle me dépouille et agrandit mon désir, mon manque. Elle se joue de moi en me cachant son nom. Ce jeu de cache-cache n'est nullement pénible puisqu'en ne sachant pas, je crois, ainsi je vois mieux. Les yeux du cœur s'ajustent à l'agir de la présence qui me baptise d'un nom nouveau.

La présence m'épouse et m'embrasse du baiser de l'Esprit. Si je m'y refuse, elle reviendra sans cesse frapper à la porte de mon cœur pour me toucher au creux même de mon absence. La présence n'est que gratuité.

La présence se fait visage dans la musique du silence. Ce visage inscrit l'éternité de Dieu dans le temps. En me laissant enfanter par le visage, Dieu s'imprime sur mon visage. Il prend sa joie en moi quand j'aime. Je m'offre alors à son rythme, à cette plénitude qui est un festin de noces toujours offert.

La présence me rend présent à la prière pure, celle qui fait en sorte que je ne sais pas si je prie quand je prie. La révélation de l'amour m'est alors donnée. Je goûte et je connais. Le voile demeure, mais ma quête devient une danse. Je suis rêvé et aimé.

La présence me recrée d'éternité. En elle, je sais qui je suis. Un chant nouveau m'éveille à l'insondable miséricorde. La route est plus légère. Plus je sais qui je suis, plus je sais que je rencontre la présence qui me trouve et qui me murmure à l'oreille du cœur : « Je suis avec vous pour toujours jusqu'à la fin des temps » (Matthieu 28, 20).

Jacques Gauthier,
Les mots de l'Autre.

CONCLUSION

Nous voici arrivés à la fin de cet itinéraire sur le mitan de la vie. J'ai avancé en toute confiance sur le chemin d'écriture que Dieu me traçait, incognito. J'ai abordé cette importante étape de transition comme une crise de croissance et un moment de renaissance. S'il y a une chose que cette crise m'a apprise, c'est qu'il n'est jamais trop tard pour commencer de nouveau, pour repartir à neuf, pour passer de la peur à l'espérance. C'est le moment idéal pour laisser émerger le dynamisme profond du désir d'aimer qui nous habite tous et qui rejoint le désir même de Dieu sur chacun de nous.

J'ai proposé tout au long de ce livre des attitudes qui sont autant de balises à suivre pour arriver à bon port. Il me semble utile de les énumérer : s'abandonner, lâcher prise, accepter ses limites, enlever ses masques sociaux, viser l'authenticité, se fier à ses intuitions, admettre sa souffrance, apprivoiser son côté sombre, habiter son désert intérieur, suivre le désir qui fait vivre, refaire ses choix, approfondir ses convictions, intégrer ses polarités, ne pas trop se prendre au sérieux, se décentrer de soi pour l'autre, se réconcilier avec son rêve, revoir ses valeurs, se donner aux autres et à Dieu, se réaliser dans le service, être créateur, devenir soi-même, consentir à sa nuit, redécouvrir la prière, se laisser aimer par le Dieu Père, Fils et Esprit qui ressuscite les morts.

Maintenant, la sagesse cogne à ma porte. Elle prend le visage du temps qui passe. Je la laisse entrer et nous mangeons ensemble, comme les disciples d'un certain soir, à Emmaüs. Mon épouse me demande comment je vais terminer ce livre. Je ne le sais pas. Nous parlons de la cinquantaine qui approche, de la soixantaine qui viendra, peut-être, de la vie qui coule comme une source.

L'essentiel n'est-ce pas cela, vivre. C'est si simple, parfois, comme écouter *Les petits riens* de Mozart, relire un bon livre, marcher seul ou avec quelqu'un qu'on aime, prier en faisant son jardin, écrire son désir, recevoir des fleurs, revisiter le pays de l'enfance, cultiver l'attention amoureuse, accueillir l'autre comme un mystère. C'est si simple d'être là, puis regarder, écouter, sentir, toucher, goûter le bonheur au quotidien que rien ne peut contenir, comme la vie.

Être ce que je suis, ici, devant l'Autre qui prend forme en moi et qui me regarde toujours avec autant d'amour, puisque je suis unique à ses yeux. Être là tout entier dans mes fragilités, sans rien vouloir, sans prouver quoi que ce soit, et me laisser aimer, même si la présence disparaît dans ma nuit. Être et vivre seulement, en accompagnant la vie dans cet éternel présent qui la change au-delà de ce que je peux faire, accomplir, réaliser. « Il suffit d'être », écrivait Patrice de La Tour du Pin dans son hymne *En toute vie le silence dit Dieu* :

> Il suffit d'être et vous vous entendrez
> Rendre la grâce d'être et de bénir ;
> Vous serez pris dans l'hymne d'univers,
> Vous avez tout en vous pour adorer [1].

---

1. Voir l'analyse de cette hymne dans Jacques Gauthier, *Que cherchez-vous au soir tombant ?*, Paris-Montréal, Cerf-Médiaspaul, 1995, pp. 25-39.

En effet, quoi faire d'autre que d'adorer lorsque tout est donné ! Je balbutie quelques mots pour dire l'indicible. Je rends la joie d'être. Je sais que le bonheur se cueille dans mon jardin, non dans celui du voisin. Je bénis ces moments d'adoration attrapés au vol, cachés dans les petites choses de la vie. Avec l'Hymne de Dieu fait chair, je suis pris dans l'hymne d'univers. Il me montre que le plus beau bonheur que l'on puisse faire à l'autre, c'est soi-même.

Une prière d'adoration au Dieu de ma nuit monte en moi. C'est une façon comme une autre de conclure ce livre-ami qui m'a été donné, comme le reste. Je l'écris en pensant à vous. Prenez-la comme une rose, gratuite et inutile, mais si essentielle, comme le temps qui nous reste.

Prière d'adoration au Dieu de ma nuit

Un seul mot de toi et tout est dit.
C'est du silence de ma nuit qu'il retentit.
Une éternité ne suffit pas pour l'épeler.

Aucun désir, aucun amour, aucun vouloir
ne l'épuisent.
L'aveugle, le sourd, le muet peuvent mieux le saisir.
Il ne se voit pas, ne s'entend pas, ne se prononce pas.

Ce mot de toi que je recueille au creux de moi,
comme un écho de la Parole faite chair,
me fait exister dans le désir de t'étreindre.

Mon indigence me permet de m'asseoir à ta table.
Mon impuissance à t'aimer est ma nourriture.
Mon corps blessé se greffe à la plaie de ton côté.

L'ignorance me rapproche de ton savoir.
Le vide me remplit de ta plénitude.
Les mots me parlent de ton silence.

Je sais ce que tu n'es pas.
Je vais là où il n'y a rien.
Je reste ici où tu me choisis.

Tu me prends quand je me perds.
Tu me tiens quand je lâche prise.
Tu me précèdes quand je m'oublie.

Je m'affaisse dans ta nuit comme un soleil dans la mer.
Tu me submerges et la raison n'y comprend rien.
Je laisse monter la source pascale
qui m'apprend ton nom.

Je ne peux pas me satisfaire d'un bonheur
moindre que toi.
Je ne veux pas me refuser à toi
qui es le meilleur de moi.
Je vis par un excès de toi
puisque je suis capable de toi.

Je te remets ce qui n'appartient qu'à toi.
Je mise ma joie à ce que tu m'offres.
Je me reçois de toi comme l'enfant bien-aimé.

C'est toi qui danses en moi.
Nous faisons corps dans la mort.
L'œuvre d'amour pour toujours.

Un seul mot de toi et tout est dit.
C'est du silence de ma nuit qu'il retentit.
Une éternité ne suffit pas pour l'épeler.

BIBLIOGRAPHIE

Livres

ANDERSON, Clifford, *Le chemin de la maturité,* Montréal, Le Jour éditeur, 1996.

ARTAUD, Gérard, *Se connaître soi-même : La crise de l'identité de l'adulte,* Montréal, Éditions de l'Homme, 1978.

ASSAGIOLI, Roberto, *Psychosynthèse, principes et techniques,* Paris, Épi, 1965.

AUQUE, Hubert, *Renoncer. Un cheminement spirituel,* Genève, Labor et Fides, 1998.

BREWI, Janice et BRENNAN, Anne, *Mid-Life, Psychological and Spiritual Perspectives,* New York, Crossroad, 1982.

COMTE, Robert, *Les étapes de la vie adulte,* Paris, Cerf, 1993.

DAIGNEAULT, André, *Du cœur de pierre au cœur de chair, à travers les crises de la vie,* Charlesbourg, Québec, 1989.

ERIKSON, Erik H., *Adolescence et crise, la quête de l'identité,* Paris, Flammarion, 1972.

FOWLER, James W., *Stages of Faith, The Psychology of Human Development and the Quest for Meaning,* San Francisco, Harper and Row, 1981.

GARCEAU, Benoît, *La voie du désir,* Montréal, Médiaspaul, 1997.

GAUTHIER, Jacques, *Les mots de l'Autre,* Paris, Médiaspaul, 1993.
— *Consentir au désir,* Écrits des Forges, 1994.
— *Que cherchez-vous au soir tombant ?* Paris et Montréal, Cerf - Médiaspaul, 1995.
— *Marcheur d'une autre saison,* Montréal et Chaillé-sous-les-Ormeaux, Noroît et Le Dé bleu, 1995.
— *Les défis du jeune couple,* Paris, Le Sarment-Fayard, 1996.
— *Thérèse de l'Enfant-Jésus, docteur de l'Église,* Sillery, Éd. Anne Sigier, 1997.
— *L'expérience de Dieu avec Jean de la Croix,* Montréal, Fides, 1998.
— *Prier 15 jours avec Patrice de La Tour du Pin,* Paris, Nouvelle Cité, 1999.
— *Le voyage de l'absente,* Ripon, Écrits des Hautes-Terres, 1999.
— *Pèlerin en terre d'exil,* Sillery, Éd. Anne Sigier, 1999.

GIGUÈRE, Paul-André, *Une foi d'adulte,* Ottawa, Novalis, 1991.

GRAND'MAISON, Jacques, LEFEBVRE, Solange, *Une génération bouc émissaire. Enquête sur les baby-boomers,* Montréal, Fides, 1993.

GRÜN, Anselm, *La crise du milieu de la vie,* Paris, Médiaspaul, 1998.

GUARDINI, Romano, *Les âges de la vie,* Paris, Cerf, 1976.

HALLIER, Amédée, MEGGLÉ, Dominique, *Le moine et le psychiatre,* Paris, Bayard-Éditions/Centurion, 1995.

JACOBI, Jolande, *La psychologie de C.G. Jung,* Neuchâtel, Delachaux et Niestlé, 1950.

JEAN DE LA CROIX, *Œuvres complètes,* Paris, Cerf, 1990.

Jung, Carl Gustav, *Problèmes de l'âme moderne,* Paris, Buchet/Chastel, 1961.
— *Dialectique du moi et de l'inconscient,* Paris, Gallimard, 1964.

Leclerc, Éloi, *Le maître du désir,* Paris, DDB, 1997.

La Tour du Pin, Patrice de, *Une Somme de poésie I, II, III,* Paris, Gallimard, 1981, 1982, 1983.

Laufer, Danièle, *Quarante ans : la fin d'une adolescence ?,* Paris, Plon, 1990.

Legaut, Marcel, *L'homme à la recherche de son humanité,* Paris, Aubier, 1971.
— *Intériorité et engagement,* Paris, Aubier, 1977.
— *Devenir soi. Rechercher le sens de sa propre vie,* Paris, Aubier, 1980.

Levinson, Daniel J. et al., *The Seasons of a Man's Life,* New York, Ballantine Books, 1979.

Michaud, Claude, *Les saisons de la vie,* Montréal, Méridien, 1991.

Monbourquette, Jean, *Apprivoiser son ombre,* Montréal, Novalis, 1997.

Morency, Pierre, *La Vie entière,* Montréal, Boréal, 1996.

Saint-Arnaud, J. Yvon, *La dépression,* Bruxelles, Éditions IFOR, 1985.
— *La relation d'aide pastorale,* Bruxelles, Éditions GRDRI, 1996.

Sheehy, Gail, *Passages : les crises prévisibles de l'âge adulte,* Paris, Sélect, 1980.

Sharp, Daryl, *La quarantaine héroïque. Anatomie d'une crise,* Lachine, Éditions de la Pleine Lune, 1992.

Singer, Christiane, *Les âges de la vie,* Paris, Albin Michel, 1990.

Taylor, Charles, *Les sources du moi,* Montréal, Boréal, 1998.

THÉRÈSE DE LISIEUX, *Œuvres complètes,* Paris, Cerf/DDB, 1996.

THÉVENOT, Xavier, *Avance en eau profonde,* Paris, DDB/Cerf, 1997.

VASSE, Denis, *Le temps du désir,* Paris, Seuil, 1969.

WHITEHEAD, Evelyn et James, *Les étapes de l'âge adulte : évolution psychologique et religieuse,* Paris, Le Centurion, 1990.

ZUNDEL, Maurice, *Ta parole comme une source,* Sainte-Foy, Anne Sigier, 1987.

Articles

BREWI, Janice et BRENNAN, Anne, « Soul Making and Life's Second Half », *Review for Religious,* mars-avril, 1993, pp. 220-225.

CASSIEN, Jean, « Le démon de midi », *Christus,* n° 157, janvier 1993, pp. 62-65.

ÉTHIER, Chantal, « Sauve qui peut la quarantaine », *Châtelaine,* juillet 1992, pp. 23-30.

FLIPO, Claude, « L'acédie dans la tradition spirituelle. Une maladie de l'âme », *Christus,* n° 157, janvier, 1993, pp. 51-61.

FREICHE, Andrée, « Le stress de l'âge et la crise du milieu de la vie », *Accueil-Rencontre,* n° 130, 1989, pp. 7-8.

JEAMMET, Nicole, « Le plaisir d'être insatisfait. Analyse psychologique de la morosité », *Christus,* n° 157, janvier, 1993, pp. 39-50.

LE BRAZ, Bernard, « De la nuit morbide à la nuit obscure », *Le Supplément,* n° 131, novembre 1979, pp. 499-516.

LEGAUT, Marcel, « Marcel Légaut parle de son livre : *L'homme à la recherche de son humanité* », *Cahiers Universitaires Catholiques,* 14, 1971, pp. 3-8.

PLÉ, F.A., « Les déserts de la foi », *Janus 14 : L'homme de quarante ans,* Paris, Nouvelle Librairie de France, 1967, pp. 117-123.

RICHARD, Béatrice, BEAULIEU, Solange, « Épanouies à 40 ans », *Femmes plus,* mars 1996, pp. 56-82.

TABLE DES MATIÈRES

INTRODUCTION

Une phase de transition 13
Au mitan de la vie 15
Une crise de croissance 16
Le désir d'aimer 17

1. UNE EXPÉRIENCE DE LA FINITUDE HUMAINE

La deuxième adolescence 23
Lettre à un ami sur la crise de la quarantaine 26
Exprimer son mal-être 32
Ne pas fuir la crise 34
Accepter ses limites 35

2. UNE CRISE DU DÉSIR

Le désir qui fait vivre 41
La genèse du désir 43

Les besoins et le désir 46
Des questions qui créent du sens 48
Revoir ses priorités 50
Une crise du « croire » 52

3. À la découverte de son désir : dix attitudes

1. Reconnaître son insatisfaction 59
2. Écouter ses questions 60
3. Trouver un sens à sa vie 61
4. Convertir le besoin en désir 63
5. Passer de la surface à la profondeur . 65
6. Avouer ses peurs 67
7. Prendre le risque d'aimer 70
8. Écrire son énoncé de mission personnelle 72
9. Intégrer le côté mal aimé de soi 75
10. Accueillir le désir de Dieu 77

4. Le couple en quarantaine

La femme au mitan de la vie 83
L'homme au mitan de la vie 87
Les étapes de la vie du couple 91
Le démon de midi 94
Un couple au midi de sa relation 98
Réinventer la fidélité : douze clefs 103

5. La maturation de la foi

À la recherche d'une spiritualité 109
La voie de l'individuation 115

Les étapes de la foi 118
La nuit spirituelle 122
De la foi en soi à la foi en Dieu 127
La nuit mystique 131

Conclusion 141

Prière d'adoration au Dieu de ma nuit ... 145

Bibliographie 147

Achevé d'imprimer par Dupli-Print en février 2010
Dépôt légal : novembre 2006
N°d'impression : 142359
ISBN : 2-866-79222-X